原爆初動調査
隠された真実

NHKスペシャル
取材班
NHK Special Report Team

ハヤカワ新書 012

まえがき　共犯者にならないために

二〇二三年六月、この原稿を書いている最中にもまた、きな臭いニュースが流れてきた。ロシアのプーチン大統領が、戦術核兵器をベラルーシ領内に搬入したと明らかにしたというのだ。プーチンは「国家としての存在に脅威が生じた場合は使用可能だ」と強調し、反転攻勢を進めるウクライナに対し、核による威嚇を強めている。

一方でアメリカも、「核兵器の近代化」を掲げ、〝使える核〟とも言われる小型核の配備を強化。極東アジアでは、北朝鮮が核・ミサイル開発を加速させ、中国も核戦力の強化に乗り出しているとされる。

私たちはいま、再び人類に対して核が使われかねない、危機の時代に生きている。

戦後七八年間、広島・長崎の被爆者たちが訴え続けてきた、核による凄惨な被害。その痛みをよそに核保有国はなぜ、核の存在を正当化し続けているのか――。

その出発点ともなったのが、アメリカをはじめとする連合国やソビエト連邦が被爆直後の広島・長崎で行った「原爆初動調査」である。

日本中が東京オリンピックをめぐる喧騒のただ中にあった二〇二一年八月九日、私たちは、NHKスペシャル「原爆初動調査　隠された真実」を放送。調査の全貌に迫り、アメリカが被爆地に残る「残留放射線」の存在を把握しながら、隠蔽していった生々しい実態を浮き彫りにした。番組は、ギャラクシー賞月間賞（二〇二一年八月度）、放送文化基金賞奨励賞（第四八回　テレビドキュメンタリー番組部門）を受賞するなど、大きな反響を呼んだ。

番組の放送に至るまでの取材期間は二年に及んだ。それは、七〇年以上前に国家が隠蔽した事実を掘り起こすことが、いかに困難かを痛感する日々でもあった。取材した関係者は優に一〇〇人を超え、日本、アメリカ、ロシアで収集した資料は、数千点にのぼる。本書は、番組内容に加え、放送では割愛せざるをえなかった膨大な事実を新たに書き加えた記録である。

アメリカは、広島・長崎で秘密裏に残留放射線を測定。極めて高い値を確認し、人体に影響を与える可能性に気づきながら、科学者に圧力をかけ、その事実を隠蔽していった。一方で、ソ連もまた原爆の被害を矮小化する報告を行っていた。戦後、残留放射線の存在から目をそむけ続け、アメリカとソ連は核兵器の開発を推し進めていく。

しかし、調査の理由や結果が、最大の当事者である広島・長崎の被爆者に知らされることはなかった。

それは、いかに罪深きことなのか。鮮烈に突きつけられたのが、調査において最も高い線量が記録された長崎市西山地区での取材だった。

西山地区は、爆心地から東に約三キロ。山を隔てているため、当時、原爆の熱線や爆風は届かず、直接の被害はほとんどなかったとされてきた。その一方で今回取材を進めると、戦後、原因不明の死や体調不良を訴える住民が相次いでいたことがわかったのだ。

「人としてみていない。実験みたいにしてる」

西山地区に暮らした家族を突然、白血病で亡くした遺族は、原爆初動調査の真実を告げると、こう声を震わせた。調査対象となり続け、甲状腺機能低下症や複数の癌《がん》に苦しんできた住民は、険しい目つきで、言い放った。

「聞きたくなかった。聞きたくなかったけど、事実は教えてくれないと」

この言葉は、アメリカ政府や国にだけ向けられたものではなく、ジャーナリズムの一端を担う私たちにも突きつけられた「重い問い」だと受け止めなくてはならない。

当時調査に関わったアメリカ人医師の孫が語った言葉が、今も私たちの頭から離れずにいる。

「祖父は共犯者だった」

残留放射線の隠蔽は、国家だけが行ったものではない。科学者や、メディア、そして国民をも巻き込みながら、進められていったものである。

——共犯者にならないために——

私たちは何を知り、核に対しどう向き合うべきなのか。

「原爆初動調査」は七八年前の遠い過去の出来事ではない。危機の時代に生きる私たちと、地続きなのである。

目次

まえがき　共犯者にならないために……3
序　章　残された「原爆の謎」……9
第1章　「結論ありき」だったアメリカ軍の調査……21
第2章　研究対象の地区で明らかになった「異常値」……39
第3章　軍とメディアになきものとされた「残留放射線」……59
第4章　「忖度《そんたく》」は核開発のために……79
第5章　よみがえった広島・長崎の残留放射線の値……95
第6章　日本の原爆初動調査　苦闘する科学者たち……107
第7章　核科学者・レベンソールの極秘資料……129

第8章　相次いだ「原因不明の死」……149
第9章　「原因不明の死」は他の地区でも……171
第10章　「白血球の異常値」その痕跡をたどる……185
第11章　スパイを送り込んでいたソ連、謎の調査を追う……199
第12章　被ばくした駐留兵と「共犯者」となった科学者……217
第13章　七八年前の論理がもたらす核の脅威……227
あとがき……239
参考資料……253

※本書に登場する方の年齢や肩書は取材当時のものである。
また引用資料中の旧字や旧仮名遣いは現代の表記に改めた。

序章

残された「原爆の謎」

きっかけは極秘とされていた「報告書」の入手

広島・長崎への原爆投下から七八年。いまだに解明されていない「原爆の謎」がいくつも残されていることをご存じだろうか。

「残留放射線は、どう影響したのか」
「低線量被ばくの人体への影響は」
「被爆二世への影響はあったのか」
「行方不明となっている、原爆投下二日後に撮影されたニュース映像はどこへ」

いずれも、人類が核を戦争に用いてしまった惨禍の記憶とともに、検証のために何としてでも残すべき記録だったはずだ。それらが、いまだに謎のままになっている。

その謎のひとつ「残留放射線の影響」に迫る文書を、今回、私たちは入手した。当時は極秘とされていたものだ。

「残留放射線」には、原爆の爆発によって発生した放射性物質が、雨や塵《ちり》とともに降り注ぎ、地上に残り続けて放出されるケースや、爆心地の土壌が中性子を吸収することで放射性物質となり、放出されるケースがある。アメリカには今でも「広島と長崎の原爆は上空高く爆発したため、残留放射線は発生しなかった」という見解があり、その影響に関しては、いまだに意見が分かれている。

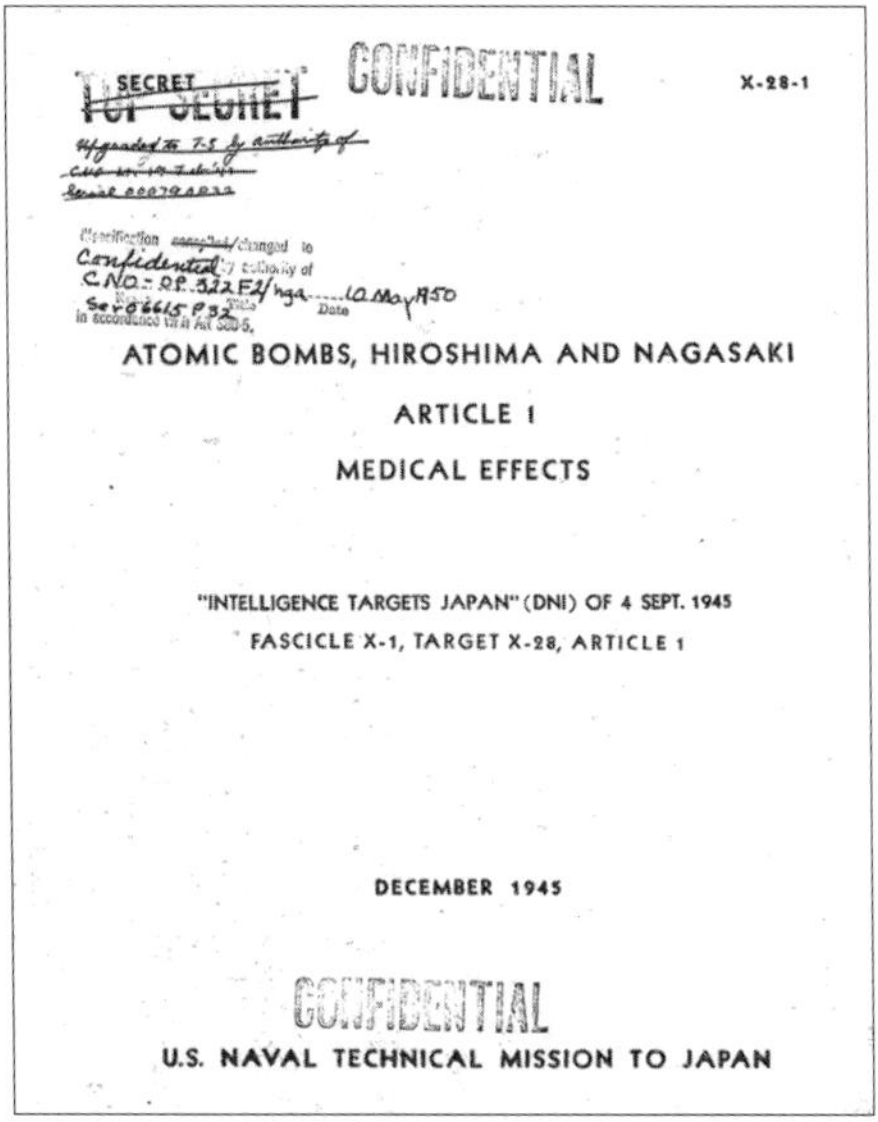

~~TOP SECRET~~ SECRET

CONFIDENTIAL

X-28-1

ATOMIC BOMBS, HIROSHIMA AND NAGASAKI

ARTICLE 1

MEDICAL EFFECTS

"INTELLIGENCE TARGETS JAPAN" (DNI) OF 4 SEPT. 1945

FASCICLE X-1, TARGET X-28, ARTICLE 1

DECEMBER 1945

CONFIDENTIAL

U.S. NAVAL TECHNICAL MISSION TO JAPAN

「原爆 広島と長崎 論説1 医学的影響」

私たちの入手した文書とは、「ATOMIC BOMBS, HIROSHIMA AND NAGASAKI ARTICLE 1 MEDICAL EFFECTS（原爆 広島と長崎 論説1 医学的影響）」だ。[1] 原爆投下直後に被爆地を調査したアメリカ海軍が、わずか四か月後の一九四五年一二月にまとめたもので、七九ページに及ぶ。この報告書の導入部分に、残留放射線の人体への影響についての結論が書かれていた。
　米国および日本による調査にもとづき、残留放射線について充分に検討した。そして、爆発の後に残る人体への危険性は無視できる程度であると結論づけた。

「無視できる程度」という結論に、まず驚かされた。東京電力・福島第一原子力発電所の事故で今も広い範囲が「帰還困難区域」のままで、多くの人が元の生活を取り戻せない状態が続いている。あの事故以来、私たちの放射線被ばくへの意識は大きく変わった。もちろん、単純に比較できるようなものではないと分かった上でのことだが、広島・長崎で、その年だけで約二一万人の命を奪ったともいわれ、放射性物質が放出された原爆の影響が、「無視できる程度」と表現されていることには納得がいかなかった。

　方で報告書には、現地を中心に広範囲にわたって残留放射線を測定したことが記され、長崎から約八〇キロ離れた熊本でも日本人研究者によって残留放射線が確認されたと書かれていた（次ページ下の図）。これは結論と矛盾してはいないだろうか。

　いったい、どのような人物が調査を行い、この報告書をまとめ、何を根拠に結論付けたのか。私たちはこの文書をきっかけに、いまだに謎とされている七八年前の残留放射線調査の

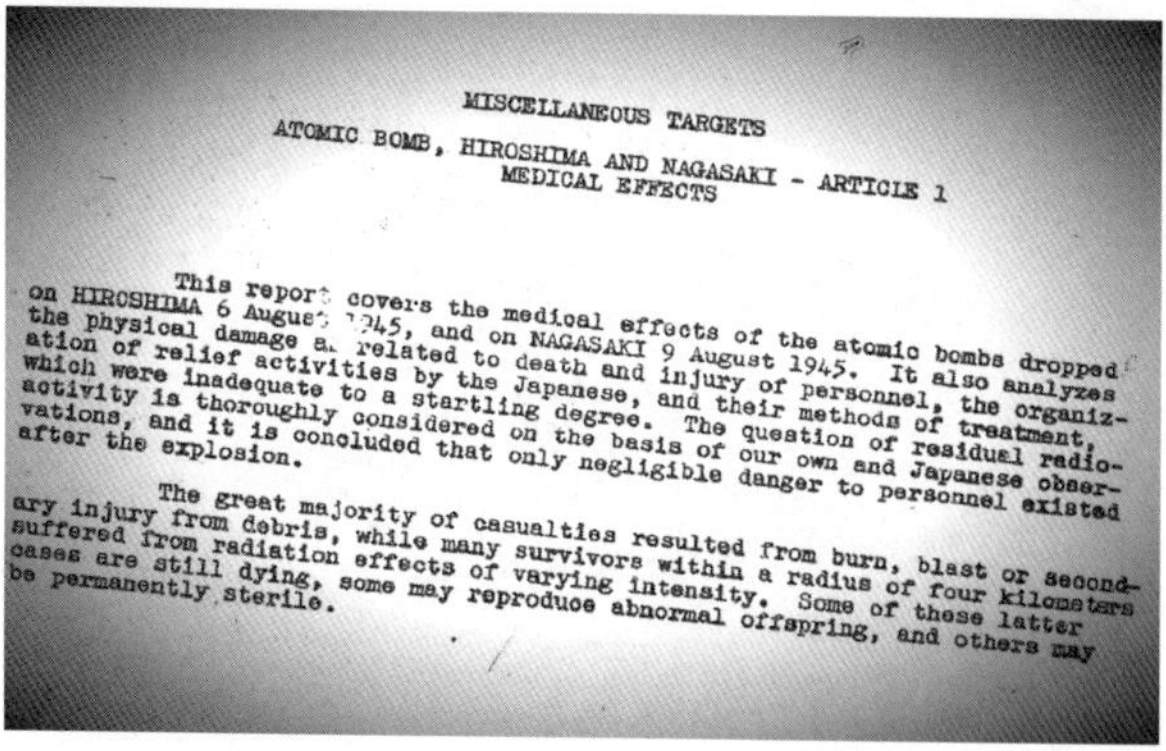

MISCELLANEOUS TARGETS

ATOMIC BOMB, HIROSHIMA AND NAGASAKI - ARTICLE 1
MEDICAL EFFECTS

This report covers the medical effects of the atomic bombs dropped on HIROSHIMA 6 August 1945, and on NAGASAKI 9 August 1945. It also analyzes the physical damage as related to death and injury of personnel, the organization of relief activities by the Japanese, and their methods of treatment, which were inadequate to a startling degree. The question of residual radioactivity is thoroughly considered on the basis of our own and Japanese observations, and it is concluded that only negligible danger to personnel existed after the explosion.

The great majority of casualties resulted from burn, blast or secondary injury from debris, while many survivors within a radius of four kilometers suffered from radiation effects of varying intensity. Some of these latter cases are still dying, some may reproduce abnormal offspring, and others may be permanently sterile.

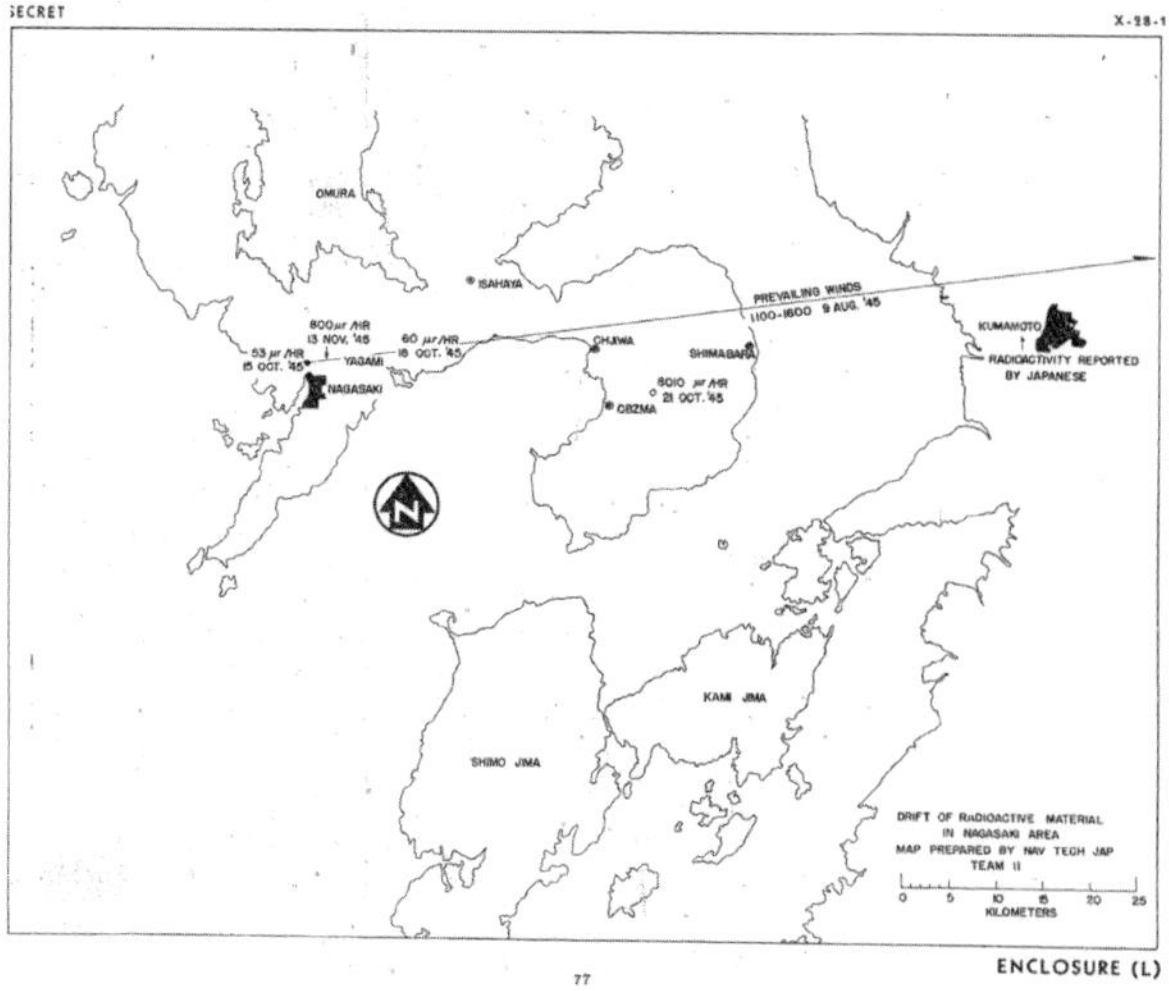

残留放射線調査 = US Army Heritage and Education Center

実態に迫る取材をスタートした。

調査に参加した唯一の「生き証人」がいた

一九四五年八月六日に広島に、九日に長崎に投下された原子爆弾。日本を占領した連合国軍は、その被害や影響の詳細なデータを収集するため、調査団を派遣している。

九月九日　原爆を開発した科学者らで構成される「マンハッタン管区調査団」

一〇月一二日　アメリカ陸・海軍で構成される「合同調査団」

一〇月一四日　空襲の威力を確かめる「戦略爆撃調査団」

調査には、軍人だけでなく物理学者や医師をはじめ、様々な分野の専門家が参加した。そして、地表温度を三〇〇〇度以上にも上昇させた「熱線」の影響や、秒速四四〇メートルの爆風がどのように建物を破壊したのか、原爆が人間にどのような影響を与えたのかなどを詳しく調べていた。

当時の映像には、爆心地に近い橋に残された人の足跡を指差して、強烈な熱線の影響を伝えたり、コンクリートの建物をゆがめるほどの爆風がどの方向から吹いたのかジェスチャーで示したりする様子が映っている。人体に与えた影響を残すため、熱線によってできたケロイドなどがよく見えるよう、被爆者の体の向きを調整するアメリカの調査員の姿もあった。

機密解除された「マンハッタン管区調査団」「合同調査団」「戦略爆撃調査団」の報告書。私たちはそれらの資料を読み込み、そこに書かれた名前をリスト化し、生き証人がいないか探した。

見つかった。たった一人、被爆地の調査に同行したアメリカ兵が生きていた。

それが「マンハッタン管区調査団」の団員として人体への影響を調査した二等兵、マイカス・オーンスタッドさん（九四歳）だった。

住んでいたのは、アメリカのミネソタ州ミネアポリスの北、ノースブランチという地方の小さな町だった。長年連れ添った妻を数年前に亡くし、ひとり暮らしをしていた。

マイカスさんは、一九四四年に高校を卒業したあと、一八歳で徴兵され、翌年の六月から

マイカス・オーンスタッドさん

フィリピン戦線へ派遣された。太平洋戦争の末期、すでに日本は追い詰められ、本土への侵攻が始まるか、あるいは日本が降伏するかという局面だった。

八月一五日、彼はフィリピンで日本の降伏を知った。原爆投下がなければ、日本本土に侵攻し戦死していた可能性があったと語り、「原爆には命を救われたと思っている」と振り返った。

原爆調査に同行したきっかけは、マッカーサー連合国軍最高司令官からの命令だった。突然の任務で、原爆がどのような兵器なのか予備知識は全くなかった。

広島では科学者らの「マンハッタン管区調査団」に同行し、多くの被爆者から聞き取り調査を行った。印象深かったのは、スカーフをかぶった一九歳くらいの少女のことだ。病院を訪れた彼女がスカーフをとると、髪が全て失われていた。同じような症状で苦しむ患者で病院はあふれていた。

「これが放射線というものの影響なのか」

その問いを、調査する医師や科学者に投げかけることは、彼には許されていなかった。

現地には、残留放射線が存在する――それを知ったのは、調査団の医師と日本の医師のやりとりが耳に入ったからだった。

「調査員は、残留放射線の存在を知っていました。放射線はそのあたりを漂っているものだと考えていたようです。しかし、その恐ろしさを私は理解していませんでした」

放射線の恐ろしさを知らされないまま、任務に専念していたという。

アメリカへ帰国後、彼は鼻と頬の一部に癌を発症して手術を受けた。家族の中で皮膚癌を患った人がいなかったのでおかしいと思い、広島での調査の影響ではないかと政府に訴えたが、認められることはなかった。

淡々と当時を振り返っていた彼が、突然、体を震わせ、声を絞り出すように語り始めた。

「一九歳の自分にとって、ヒロシマの体験はとても耐えきれないものでした。あの時の光景、匂い、音が今もまざまざと蘇ります。被爆者たちの痛々しい姿、ボロボロに破壊された街。あの体験は、決して私の脳裏から、ひとときも離れることはないのです。

毎日二四時間、私につきまとっています。眠っていても、夜中に目が覚めるんです。私はずっとヒロシマを抱えて生きてきたんです。今も、決してヒロシマは私の心から消えませ

ん」

涙をぽろぽろこぼしながら訴えかけてくる姿には、凄まじいものがあった。もしかしたら私たちは、彼が意識的に触れないようにしている心の奥底の地獄の光景を、浮かび上がらせてしまったのかもしれない。その一方で、誰かにこの苦しみを伝えたかったのかもしれないとも感じた。

取材が終わり、玄関まで見送りにきてくれたマイカスさんは、別れ際「来てくれて、ありがとう」と礼を言ってくれた。そして、原爆調査への参加から七六年たったことについて聞くと、こんなふうに答えた。

「国を超えた視点に立てば、世界は今、原爆の悲惨さを知ることができるようになったと確信しています。しかし世界各国のリーダーたちは、この兵器がもたらす惨状に気づいていません。原爆はこの世の終わりなのです。日本、そしてアメリカはこの世の終わりを見たのです」

広島で、この世の終わりを見た若い兵士だった彼。その場で「残留放射線の実態」について知らされることはなかった。

分かったのは、「原爆初動調査」に来たアメリカの医師や科学者が「残留放射線は存在している」という前提に立って調査していたことだけだ。ただ証言が足りない。何か手がかりが残っていないか。次に向かったのは、調査団に加わった人物の遺族のもとだった。

第1章

「結論ありき」だったアメリカ軍の調査

調査員が残していた未公開の「調査記録」

調査団に参加した科学者や医師の遺族のもとに、何らかの手掛かりは残されていないだろうか。そこに焦点を絞って、遺族にアプローチすることにした。

取材に応じてくれたのは、偶然にも、唯一生存していた「マンハッタン管区調査団」の団員マイカス・オーンスタッドさんの上官にあたるドナルド・コリンズ中尉の遺族だった。

コリンズ中尉は、アメリカの原爆開発計画「マンハッタン計画」の科学者で、放射線計測のスペシャリストだった。

「戦争中、父の任務は極秘とされ、家族でさえ父はどこで何をしているのか知りませんでした。日本へ原爆調査に行っていたことも、母はあとから知らされたと言っていました。父は正直な人でした。私も、父から正直に生きるようにと教えられ育ってきました」

取材に応じたのは、コリンズ中尉の五人の娘の長女、ジョイス・ランズヴァーグさん。放射線を専門とする科学者の夫と二人暮らしをしていた。父の記録で何か残っているものはな

ドナルド・コリンズ中尉＝遺族提供

いかと尋ねると「父の調査記録は、放射線測定の歴史を示す貴重な資料です」と棚や倉庫などあちこちから、大切に保管してあった遺品や資料を取り出した。

愛用のカメラ、残留放射線を測定する「ガイガーカウンター」、調査についてまとめた手記[2]、そして生前に民間団体からインタビューを受けた時の録音テープ[3]も残されていた。

なにより私たちを驚かせたのは、長崎で残留放射線を調査した時の「プライベートフィルム」が残っていたことだった。メディアにも研究者にも、公開したことがないという。

映像には、廃墟となった長崎でガイガーカウンターを手に持ち、様々な場所で残留放射線を測定するコリンズ中尉の姿が映っていた。

ジョイスさんはこのフィルムを十代の時、父に見

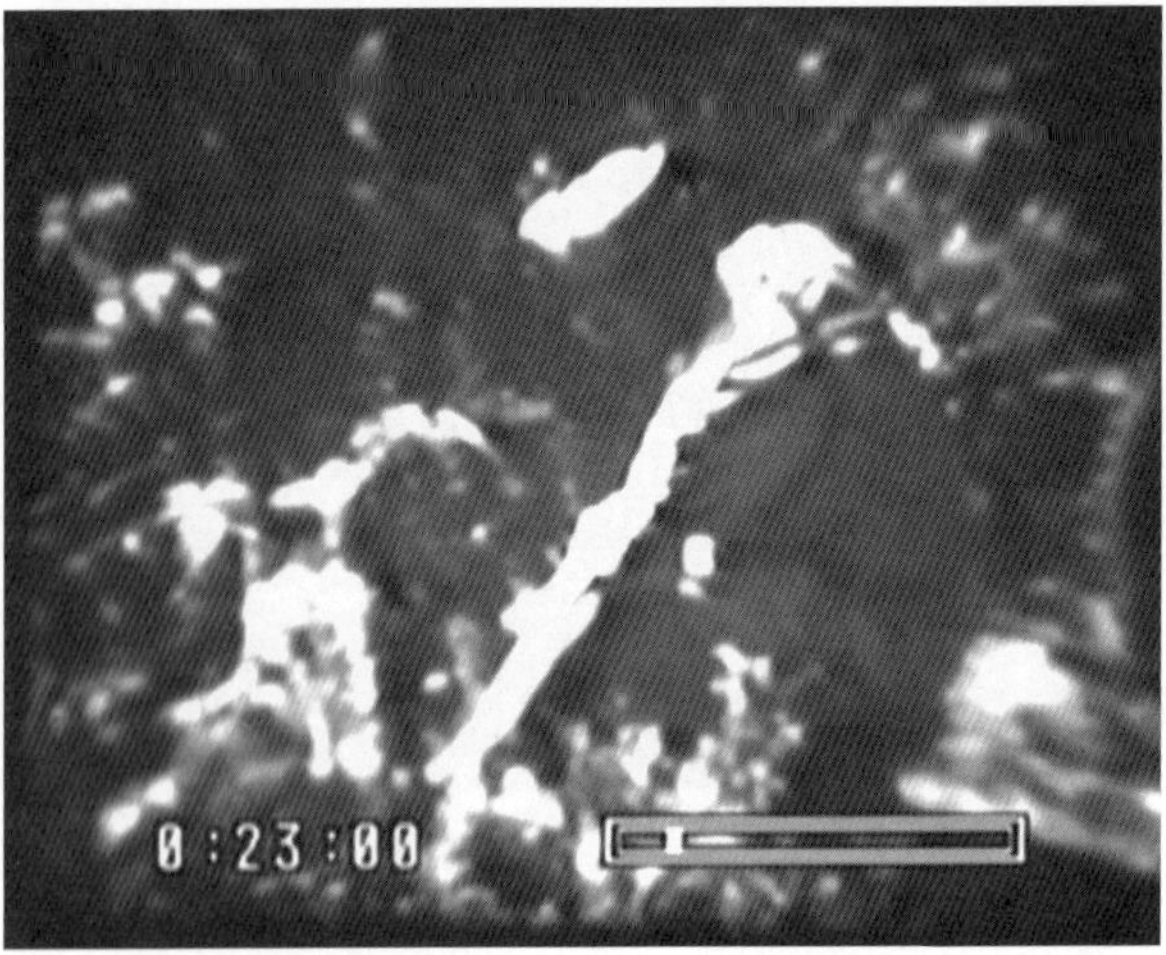

調査にあたるコリンズ中尉＝遺族提供

せられた。

「もし、ロサンゼルスに原爆が投下されたらどうなるの」

「どうせ生き残れないから、考えなくていいんだ」

　そんな父との会話が強く心に刻まれ、被爆地の惨状に言いようのない恐怖を感じたという。

　コリンズ中尉の残した数々の記録。そこには、「原爆初動調査」が軍によって恣意的に結論が導かれていったことを裏付ける、貴重な証言が残されていた。


「放射線量が高くないことを証明しろ」と准将は言い放った

「アメリカの航空機一機が、ＴＮＴ火薬二万トン以上の威力を持つ爆弾を重要な軍事基地である広島に投下した。これは原子爆弾である。宇宙に存在する基本的な力を利用したものである。太陽のエネルギー源になっている力が、極東に戦争をもたらした相手に対して放たれたのである」

日本時間の八月七日に、ラジオから流れたハリー・トルーマン大統領の声明。コリンズ中尉がそれを聞いたのは、シカゴ大学にある研究所だった。

それを聞いた時、私は喜びのあまり叫び声を上げ、階段の手摺りを飛び越えて下の階に降りた。私はその他の報告を知りたいと思い、研究所に急いで入った。そしてこの歓喜を同僚たちと分かち合いたいと思った。今ようやく、この原子力の凄いポテンシャルというものに関する知識と責任を世界と共有することができるようになったのだ。原子力エネルギーの未来は民主主義的な手法によって判断されることになる。もはや科学者や軍からなる我々小さなグループの責任だけではなくなるのだ。

原子力エネルギーが世界に行き渡る新たな時代が幕を開けたと歓喜した彼は、当時はまだ原爆の惨禍に想像をめぐらせることはなかったようだ。

「マンハッタン計画」で機器部門のチーフを務め、特に放射線の計測に詳しかった彼は、総

トーマス・ファレル准将（右）と
レスリー・グローブス少将

責任者のレスリー・グローブス少将から「原爆初動調査」への参加を命じられた。任務は、広島と長崎の爆心地とその周辺の放射線を測定することだった。

原爆投下の作戦基地となっていたテニアン島。ここで調査の要旨を説明したのは、「マンハッタン管区調査団」の団長トーマス・ファレル准将だった。「マンハッタン計画」のナンバー2で、グローブス少将の副官だった人物だ。

そのファレル准将が開口一番に伝えた「指令」に、コリンズ中尉は耳を疑った。

「君たちの任務は『ヒロシマとナガサキに放射能がない』と証明することだ」

初めから結論ありきの調査など、調査ではない。彼はすぐさま質問をぶつけた。

「失礼ですが准将、我々の任務は残留放射線を測ることだと命令を受けたのですが。残留放射線は至る所にあるでしょうから」

するとファレル准将は、興奮して唾をとばしつつ、どもりながら次のように答えた。

「放射線量が高くないことを証明しろ！」

同席していた「マンハッタン管区調査団」の班長であるスタッフォード・ウォレン大佐からも、注意を受けた。

「お前は上官に向かって言い返すような口の利き方をするという悪い評判がある。プロの軍人と問題を起こさないように、今後十分気をつけるように」

この原爆初動調査で重視されるのは「事実」よりも「軍の意向」なのだ――。科学者としてのコリンズ中尉の憤り、それがこの証言を後世に残す強い動機になったのだろうか。

「測定可能な残留放射線はない」と記者会見

日本へ上陸したファレル准将は、間をおかずに九月六日、東京の帝国ホテルで記者会見を開いた。
この会見でファレル准将は、ナガサキとヒロシマでは、死ぬべきものは死んでしまい、9月上旬現在において、原爆放射能のために苦しむ者は皆無である、と発言したとされている。[4]
この発言には、原爆による二種類の放射線が含まれている。

一つは、爆発の瞬間に出る「初期放射線」だ。致死量の放射線を浴びた被爆者は、原爆による熱線や爆風による外傷がなくても、死に至る。

もう一つが、被爆地に残り続ける「残留放射線」である。爆発の際に出る中性子を浴びた土壌などが放射線を放出したり、放射性物質が雨や塵などとともに地上に降下したりすることで生じる。

ファレル准将のこの発言は、原爆の「初期放射線」で多くの人が犠牲になったことは認めたが、その後「残留放射線」で苦しんでいる人はいない、ということを意味している。

その後、ファレル准将は広島と長崎を訪れ調査するが、軍としての見解を変えることはなかった。調査後の九月一二日、再び東京で記者会見を開いた。

「放射能が存在しているかどうかを判定するために、我々の科学者によって街の詳細な測定が行われた。測定可能な放射能は、爆心下、あるいは地上のほかの場所、道路、灰の中、その他の物体の上にもなかった。（中略）

ウォレン大佐と彼の部隊の医師たちは、放射線によって生じることのある症状を示している多くの患者を検査した。ウォレン大佐の意見は、放射線によって被害をこうむったこれらの患者は、爆発時に大量のガンマ放射線の一回の照射を受けたことによって生じたものであり、危険な量の放射能が地面に堆積したためではない、というものである[5]」

調査にあたるコリンズ中尉＝遺族提供

ニューヨーク・タイムズ紙は、この会見の内容を「廃墟・ヒロシマに放射能はない」という見出しともにアメリカで報じた。[6] そしてファレル准将は、上官のグローブス少将にも、会見と同じ内容の調査結果を報告した。[7]
「原爆の残留放射線はない」と発表したアメリカ軍。その後も各地で行われる核実験のたびに、同じような発表を続けた。
そして核兵器開発は、推し進められていった――。

「通常の二倍の残留放射線を測定」コリンズ中尉の証言

コリンズ中尉の残した記録に戻ろう。

彼は「マンハッタン管区調査団」の団員として、一〇人の医療関係者と共に長崎県へ調査に入った。各地をまわり、爆心地からどの程度の距離まで残留放射線を測定できるのか、測定地点を地図上に書き入れ、現地住民の被ばく量を推定できる地図の作成に奔走した。

コリンズ中尉のプライベートフィルムには、ジープに乗って残留放射線を測定する本人の映像が残されている。この時のことをこう振り返っている。

我々は、残留放射線がどのような値で残っているのか、同量の放射線の値を輪郭線で描くため、ジープを十字に走らせました。風下五一キロ地点では、通常の二倍もの残留放射線を計測しました。一方、風上では残留放射線の影響が非常に少なくなっていました。

さらに、残留放射線が人体に与える影響にも注目していたと語った。

我々は人間がどのくらい放射能を浴びると吐き気をもよおすのか、どのくらいで脱毛が起こるかを分かっていました。我々は住民がどこにいたのかを聞いて、受けた放射線量を予測していました。

今回の調査で、原爆について多くのことを学ぶことができました。しかし、その被害の実態を目《ま》の当たりにするのは、非常に痛ましかったです。

アメリカへ帰国したあと、コリンズ中尉は軍を退役した。放射線を測定する民間会社に勤めながら、原爆使用に反対する科学者の一人に名を連ね「放射線の安全性」に取り組む科学者・物理学者の団体「Health Physics Society（一九五六年設立）」のメンバーとして活動したのだ。

調査を受けた子ども = Warren Papers Collection, University of California, Los Angeles

彼のまとめた報告書は、近年、アメリカの国立公文書館で発見された。そこには、残留放射線の測定データが記されていた。

「グローブス少将ら米軍は、残留放射線はないことを証明させたくて我々を派遣したが、私は将来の治療に役立てるために広島・長崎へ向かい、残留放射線を測定し、住民の被ばく量を算出した」

長女のジョイスさんは、父からそう聞

コリンズ中尉の娘、ジョイス・ランズヴァーグさん

かされていたという。原爆初動調査での科学者としての矜持《きょうじ》を揺るがす経験が、のちに父が放射線の有益な利用方法の模索に生涯を捧げるきっかけになったのではないか。そう語った。

「思ったことは率直に言う、とても父らしいエピソードでした。あれは政治的圧力だったと思います」

「残留放射線の明確な痕跡《こんせき》」ペース少佐の記録

原爆初動調査には、残留放射線の測定を行ったキーマンと言える人物がいる。ネロ・ペース少佐だ。

彼は第二次世界大戦中、メリーランド州ベセスダにある海軍医学研究所の生理学施設長を務め、放射性物質トリチウムの研究をしていた。放射線を測定するガイガーカウンターの扱いに慣れていたため、「数人のグループで長崎に行って何が起きたのか、どれだけ放射線が残っているかを調べてほしい」と上官から命じられた。

今回、ペース少佐が残留放射線の影響を詳しく分析した報告書[8]や、生前に録音された証言記録[9]、そして長崎で残留放射線を計測するペース少佐の映像を探し出すことができた。

彼が長崎・広島で残留放射線を測定したのは、九月下旬から約四か月間だ。証言記録では、日本に到着してすぐに遭遇したある場面のことが語られていた。

私たちは（目的地の）佐世保に着陸できず、長崎と佐世保の間の大村という小さな村に着陸した。そこで海兵隊に迎えられた。彼らが私たちを佐世保に連れて行ってくれた。そこの海兵隊本部で大佐に会い「お目にかかれてよかった。ガイガーカウンターを持ってきていますよね。どれだけ放射線が残っているかわかりますか」と聞かれたので「それを測定しにきたのです」と答えた。（大佐は）「すばらしい、何が起きるのかわからないのに、部隊を長崎に連れて入るのを心配していました。偵察できますね」というので「はい」と答えた。

アメリカ人として最初に長崎に入ったのは、ガイガーカウンターを持っていた私の右手だ。私はのけぞりながら数値を読もうとした。大佐は私の肩越しに数字を読もうとし、私の隣にいた運転手ものけぞっていた。この頃には、日本人が道路を片付けていたが、それでもまだ多くの死体が放置されていた。非常に乱雑な状態だった。私は被爆地を調べ、放射線レベルが許容範囲であることを確認した。
大佐は「よし」と言い、海兵隊は長崎入りした。私たちは3か月か4か月の間、放射線調査を行った。血液サンプルをとり、広島でも同じことをした。私たちが収集したデータは、被爆地で最初のものだ。機密事項だった。

ペース少佐は、長崎で九〇〇か所、広島で一〇〇か所もの地点で残留放射線を測定した。その結果をまとめた報告書[10]では、ファレル准将が記者会見で否定した残留放射線を、各地で測定したと記されていた。

> 広島および長崎の被爆地域において原爆後70〜100日目にかけて、携帯用ガイガー・ミュラー計数管を使用して残留放射線の測定を行った。測定は、主として長崎で行われ、広島での測定は、原爆後87日目と88日目に行った。（中略）
> 両市における原爆の特徴として、明確な残留放射線のある区域が2カ所あった。すなわち、炸裂点直下の半径600〜1000m円形のほとんどの区域、および、爆心地より約2km風下から始まる細長い左右対称的な地域に残留放射線があった。前者は、主として地面に対する強度の中性子照射のために、地中の元素のいくつかに放射性同位元

調査にあたるペース少佐（左） = National Archives and Records Administration

素変換が生じたことに起因し、後者は主として（原爆投下の後）この区域の上空を通過したことが判明している放射能雲からの核分裂生成物の落下の結果生じたと考えられる。

この報告書では、残留放射線の明確な痕跡が長崎の島原半島で認められたことや、日本側の調査団によって、爆心地の西方約八〇キロの熊本で残留放射線の痕跡が認められたとも書かれている。ペース少佐は、この残留放射線が測定された地域に、いつから住民が暮らしていたのか疑問に思い、聞き取り調査を行っていた。

原爆の6～12週間後に長崎の中心区域の住民に面接した結果、住民の中、かなり多くの者が幸いにも原爆当日は不在で、原爆後一両日以内にこの区域に帰って来たことが判明した。これらの者の多くは家屋を再建し、野菜畑を作り直していた。慎重な質問を向けても原爆又はその影響と関係があるように思われる自覚症状は聴かれなかった。事実上、質問の結果ほとんどの者は野菜畑は原爆以前よりもかなり肥沃になったという自発的な発言があった。一般に長崎の住民は原子爆弾を単に新式の戦争用兵器のひとつと考え、その意識を十分認識していなかったことは驚くべきことである。

報告書の中で、非常に高い残留放射線を確認したとして特に注目していたのが、長崎の「西山地区」だった。

長崎では、風下にあった西山地区付近では測定の最高値は、1080μr/hr（マイクロレントゲンパーアワー）であった。この測定値は最大許容線量4200μr/hrに近い。（中略）この地区の地形としては、山の陰にあって原爆の直接放射線を受けなかった。それにもかかわらず最大の残留放射線が認められた。

ちなみに、このペース少佐の指摘した1080μr/hrは、現在の値になおすと、一時間あたり11マイクロシーベルト。国際放射線防護委員会が勧告する一般人の年間線量の限度を四日で超える値だった。

報告書には、西山地区で残留放射線を測定した時の様子が記載されていた。放射線測定器を地上一メートルのところから地上五センチのところへ移動させると測定器の針は二倍ふれたことや、「比較的人の入らない空き地などの区域」と「人通りの多い区域」で比較したところ、放射線の強さは「比較的人の入らない空き地などの区域」のほうが一貫して高かったと、当時目に見えず実態の分からない残留放射線について細かく調査された内容が書かれていた。その上で、ペース少佐は、この地区が原爆による残留放射線の人体への影響を知るのに適していると報告した。

> 広島および長崎で残留放射線のあった4つの区域の中、生理的に有意の放射線があるように思われたのは1カ所に過ぎない。すなわち西山地区である。（中略）西山の住民は、原爆の直接の影響とは無関係に残留放射線の影響を観察するのに理想的な集団であった。

原爆投下の初期放射線を浴びなかったのに、残留放射線が認められた西山地区。直後にこの地区でどのような事態が起きていたのか。私たちは、当時の状況を知る住民への取材を始めた。

第2章
研究対象の地区で明らかになった「異常値」

「西山地区」で何が起きていたのか

博多からJRの特急「かもめ」に揺られること二時間。長崎の駅前は、二〇二二年の新幹線開業を控え、空前の再開発ラッシュに沸いていた。新しい駅舎、外資系のホテル……新たなビル建設の工事の槌音《つちおと》も聞こえてくる。

そんな中心部の喧噪《けんそう》をよそに、私たちは西山地区を目指した。市民から「おすわさん」と親しまれる諏訪神社を越えてさらに北へ。一五分も車を走らせると、すっかり都会の風景は様変わりし、豊かな緑が眼前に広がってくる。

水面煌《きら》めく貯水池を中心に、斜面にへばりつくように連なる家々と段々畑。地区を歩いても目に入るのは、人々の静かな暮らしぶりと、美しい自然ばかりだ。原爆について伝える遺構はおろか、原爆にまつわる案内板や慰霊碑もない。ペース少佐らアメリカ側の注目度の高さとは裏腹に、西山地区には、一見、原爆被害を伝えるものは何も残されていないように思えた。

長崎市の「西山地区」

最大の放射能の認められたこの区域を西山地区と称する。

ペース少佐らが報告書[11]にそう記したように、西山地区はアメリカの調査団や日本の科学者らが、調査のために名付けた通称だ。実際は、貯水池を中心とした複数の集落が含まれ、調査報告書ごとに細かく対象範囲も異なっている。貯水池の東側に広がる木場町、南西方面の西山三丁目（当時は西山町三丁目）……。

中でも調査団が特に頻繁に訪れていたのが、西山四丁目（当時は西山町四丁目）だ。戦後に宅地開発が行われ、今でこそアパートや民家が建ち並んでいるが、当時は世帯数四〇戸、人口二〇〇人余りの小さな農業集落だった。[12]

住民への聞き込みに協力してくれたのが、松尾利之さん（七九歳）だ。先祖代々この地区で農業を営み、自治会長を務めたこともあって、地元の事情に精通している。彼自身は、原爆が投下された時は三歳で、ほとんど記憶はないという。

「住宅地図を持ってきたら、だいたい当時から住んでる人がわかりますよ」

当時から西山四丁目に住んでいる七十代後半以上の方のお宅を、住宅地図にマーカーで印をつけてもらった。

話を聞き始めると、原爆投下の日に降った雨についての証言を得ることができた。当時一一歳だった松尾義高さん（八七歳）は、原爆投下時に畑の手伝いをしていたという。

「ピカッと光って、その後、夜みたいに真っ暗になった。しばらくして、二〇～三〇分くらい強い雨が降った。ちょうど郵便屋さんが配りに来ている時で一緒に柿の木の下に避難した。大きいあられのような雨だった」

原爆投下のすぐ後に降った雨や灰のことを記憶している住民は少なくなかった。

「八月九日は暑かったので、雨が降って喜んだ覚えがある」（九十代女性）

「埃のようなものが舞い上がって降ってきた」（八十代男性）

西山地区で、放射性物質を含む、いわゆる「黒い雨」が降ったこと自体は、これまでも知られてきたことではある。ただ、住民の方々から聞いて、はっとさせられたことがあった。

金比羅山と裾野に広がる西山４丁目の集落

「金比羅《こんぴら》山がなかったら、原爆で西山は壊滅していたけど、金比羅山が守ってくれた」（八十代男性）

「金比羅山が助けてくれた」（八十代男性）

西山地区は、爆心地から三キロに位置するが、その間には、標高三六六メートルの金比羅山がそびえ立つ。このため、爆風や熱線という原爆の直接の被害はほとんどなかったとされ、住民たちも自分たちは原爆被害から「守られた」と今も認識していたのだ。残留放射線のことが意識《いしき》されてこなかったのは、やはりアメリカ軍の情報隠蔽《いんぺい》の影響だろうか。

当時、アメリカが調査していたことを住民たちはどう見ていたのか。記憶している住民に話を聞きたいと思ったが、当時の大人の多くがすでに亡くなり、なかなか詳しく記憶している人にはたどり着けずにいた。

西山地区で測定する篠原健一教授＝米国立公文書館

教授の「黒革の手帳」に記録されていた西山地区

西山地区に注目していたのは、アメリカ軍だけではない。日本人科学者たちもアメリカに協力する形で、西山地区の調査に関わっていた。

日本もまた、広島に原爆が投下された翌日から、被害を調べるために医師や科学者を現地に送り、初動調査を行っていた。八月七日には海軍が広島を調査、八日には陸軍が国産の原爆開発を行っていた物理学者の仁科《にしな》芳雄博士とともに広島に入っている。終戦後は、原子爆弾災害調査研究特別委員会が設置され、東京帝国大学をはじめとする旧帝国大学の科学者たちが中心となって、医学、物理学、化学など様々な専門の見地から調査にあたった。

長崎での調査を担った大学の一つが、九州帝国大学だ。原爆投下によって、爆心地から約六〇〇～七〇〇メートルにあった地域の医療拠点、長崎医科大学が壊滅的な被害を受けていた。そのため、九大は医学部から医師を多数派遣。市内最大の救護所だった新興善《しんこうぜん》国民学校などで被爆者の治療にあたり、調査も行っていた。理学部も専門家を派遣。その中で西山地区に注目し、アメリカとともに残留放射線の測定を行った研究者たちがいる。篠原健一教授の調査チームだ。

篠原教授たちの調査資料に当たれば、西山地区の住民についての情報が得られるのではないか。調べてみると、篠原教授の個人資料が残されているとわかり、私たちは埼玉県和光市へ向かった。

和光市駅から一〇分ほど歩くと、巨大な研究機関が姿を現す。理化学研究所（理研）だ。創設は一九一七年。物理学、生物学、医科学など基礎研究から応用研究まで行う、日本では唯一の自然科学系総合研究所。仁科芳雄博士も所属し、篠原教授はここで原子核物理を研究していた。一九四〇年、九大理学部の教授に就任し、戦後は理研に戻っている。

地下にある史料室を訪ねると、史料の管理を担当する職員の三輪紫都香《みわしづか》さんが、篠原教授の資料を木箱にまとめて用意してくれていた。論文やメモ、日本や海外の研究者との手紙など多岐にわたる。一〇年以上前に遺族から寄贈を受けたものだというが、ほとんど検証されることはなく、手つかずのまま残されていた。

資料の中でひときわ目を引いたのが、黒い革製の手帳だ。一九四五年に、篠原教授が書き留めていた日記だった。スケジュールを中心に書き込んでいるようだが、毎日の行動や出会った人の名前なども綴られていた。

原爆投下直後の長崎を目にした科学者が何を書き残したのか。はやる気持ちをおさえ、一ページ、一ページめくっていった。

九月　27木　長崎行準備

長崎に向かう記述が出てきた。果たして西山地区は登場するのか。

十月　1月　朝　海軍ノトラックデ出発――西山貯水池（会長ノ中尾氏宅）
十月　2火　西山貯水池　中尾氏宅　精密測定

あった。そこで出会ったであろう、「中尾氏」という個人の名前も記されている。そばに

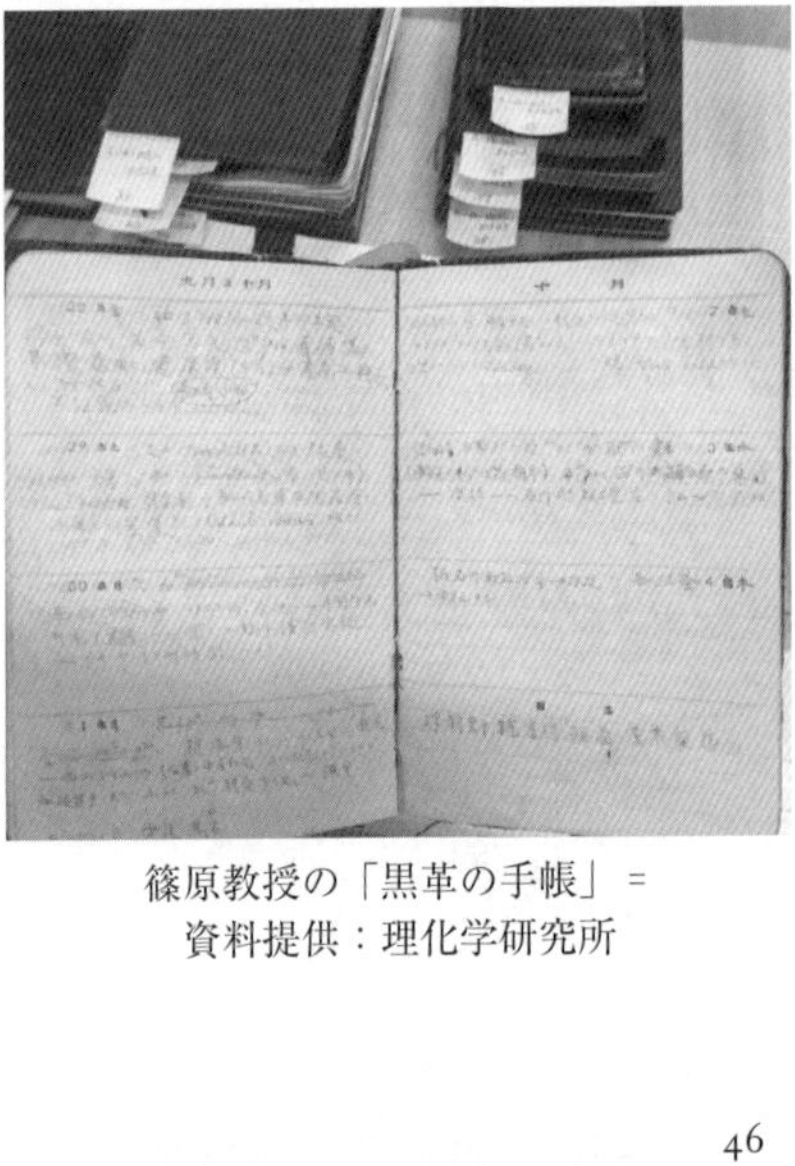

篠原教授の「黒革の手帳」＝
資料提供：理化学研究所

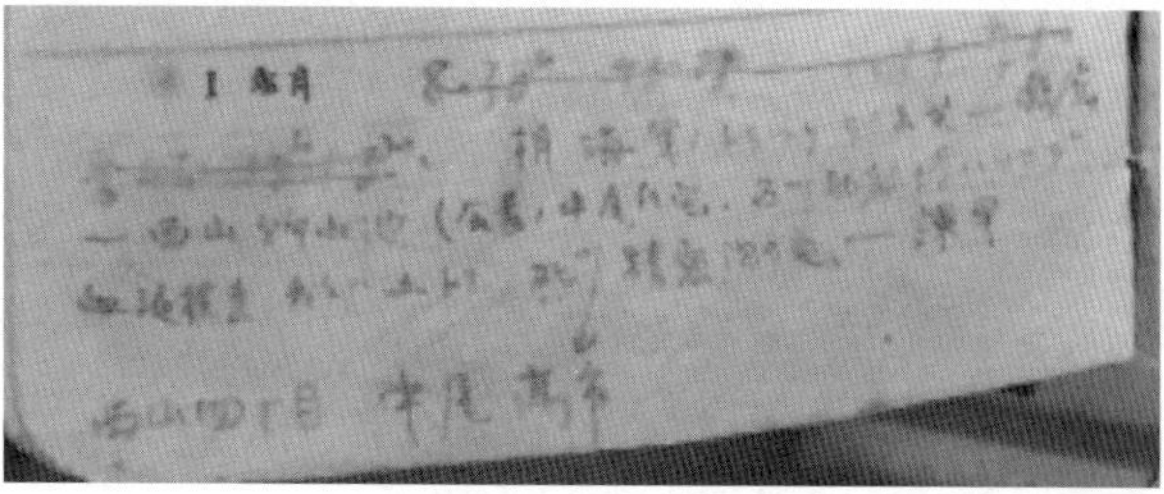

は大きな字で「西山四丁目　中尾高市」とも書かれている。

篠原教授が残した回想録[14]をさらにひもとくと、こんな記述もあった。

> あの頃は日本はアメリカの軍政下にあった。私達の長崎での測定もアメリカ軍によって禁止されたことがあった。そこで測定を続ける許可を得るために、仁科先生に連れられて明治ビルの米軍戦略爆撃調査団に行ったことがある。（中略）アメリカの生物学者、Dr.Pace か Dr.Smith のどちらかが丁度居合せて口添えをしてくれたのを覚えている。

ペース少佐らが調査を下支えしていたことをうかがわせる内容だ。

> アメリカの調査団が、西山4丁目に強い放射能のあるのを見出したことを知らされた。（中略）
> 30日から10月1日、2日と西山4丁目附近やそれに接してい

る地区の放射能を測定（中略）
中尾氏宅の縁側に検電器を据えると自然放電の40倍の放射線が検出された。

篠原教授と接点があった「中尾高市」とは誰か。本人は亡くなっていたとしても、家族がいれば何か覚えているかもしれない。一縷《いちる》の望みを懸けた。

調査のことを知る住民「中尾氏」を発見

私たちは再び、西山四丁目に向かった。

貯水地の付近で車を降り、池沿いに坂を登っていく。貯水池を過ぎると、一段と道の傾斜はきつくなる。額に汗がにじんでくる頃に、中尾さんの家が西側に見えてくる。爆心地から見れば、ちょうど金比羅山の山陰に隠れる場所だ。住民たちが言う「金比羅山が守ってくれた」という意味が少しわかった気がした。

中尾さんは今も、当時と同じ場所に住んでいた。

柔和な笑顔で出迎えてくれたのは、中尾恒久さん（八六歳）だ。篠原教授の日記に記された「中尾高市」の次男にあたる。父親が亡くなってから後を継ぎ、家を守ってきた。

「わざわざすいませんねえ」

中尾恒久さん

そう言って取材班にお茶を出してくれたのは、恒久さんの妻アイ子さん（八〇歳）と、妹の郁子さん（八〇歳）だった。乾いた喉に冷たいお茶がありがたい。

「これはもう百年以上になるけんね」

家は戦後建て替えていたが、隣にある倉庫は当時のまま残っていた。鍬や鋤など、年季の入った農具が所狭しと置かれている。先祖代々農業を営み、中尾高市は町内会長を務めていた。

「長崎の原爆の後に放射性の物質が、西山とか東側のほうに降っていったという話を取材してまして」

私たちがそう切り出すと、恒久さんは調査のことを覚えているようだった。

「アメリカの方も早かったですもんね。原爆投下から五〇日ぐらいの時に、ものすごく来たんですよ。僕たちは恐ろしかったですよ、本当。アメリカ兵は小銃ば肩に担いでいるでしょう。恐ろしかった」

　原爆が投下された時、恒久さんは一〇歳。当時の西山地区は田畑が多くを占め、民家がポッポッとある、のどかな風景が広がる場所だった。そこに突然アメリカの調査団が押し寄せてきたのだから、住民たちが抱いた恐怖は想像に難くない。

「調査に来た人たちで、名前を覚えている人はいますか？」

「ようおりなさったですよ。九大からは篠原先生、この人はもう畑で土ば取って調べてたですよね」

　手帳に書いてあった通り、篠原教授はやはり中尾さんのもとを訪れていた。

「アメリカの人はどんな人が来たか覚えてますか？」

「ワレンっていう人が来た。その人は、クリスマスの時、プレゼントっていって、父にライターを持ってきてくれたですよ」

　ワレン……そんな名前の人物が、アメリカの調査団にいただろうか。その場ではピンとこなかった。

　恒久さんが、調査団が土を調べていたという畑に案内してくれた（前ページの写真）。

畑は家の裏手にあるが、現在では宅地整備がなされ、道を迂回して坂を登らないとたどり着けない。少し歩くと、恒久さんは膝に手をつき、荒い息遣いをしていた。聞けば、慢性閉塞性肺疾患を患っているという。五年前には胃癌になり、その後、膀胱癌も発症した。遡れば、二〇歳の頃、甲状腺機能低下症を発症して以来、病に苦しんできたという。

「我慢して、我慢してきよったですよ。病気の多か七六年でした」

畑では、ちょうどアイ子さんが、サツマイモの苗を植えていた。恒久さんは、癌を発症して以来、農作業をすることもままならなくなっている。この日もアイ子さんの畑仕事の様子をじっと見ていた。そのまなざしはどこか寂しそうにも見えた。

「ちょうどあそこら辺の、ハナモモが植わっている辺やったです。調査員が傘さして、そして泥をとって。当時は目的とか何とか、そういうことは言わんですね」

調査の理由や結果について、住民には一切知らされることはなかった。何もわからないまま、調査の対象は恒久さんたち自身にも及んでいった。

「学校に行ったら、西山四丁目はみんな帰ってと。帰って町内会長のうちに行けと言われて、帰されよったです。耳たぶ切って、そして血ば取って、検査をしよったですよ」

苦しそうな表情を浮かべてこう語った恒久さん。当時、メスで切った時についたのだろうか、耳たぶにはくっきりと傷のような痕が残っていた。

調査の対象は、大人から子どもまで、西山四丁目の全人口となる二〇〇人以上に及んだ。血液検査は恒久さんの家の軒先で行われ、町内会長だった高市は住民への呼びかけ役を担い、姉の妙子さん（九三歳）は、調査団の求めに応じて検査を手伝っていたという。

血液検査で明らかになっていた「異常な値」

アメリカや日本の科学者は、血液検査から何を調べようとしていたのか。

手がかりは、中尾さんが語っていた「ワレン」という人物だ。当時の日本の新聞や文献に当たっていくうちに、「ワレン大佐」「ワレン博士」といった記述を見つけた。前後の内容から、調査団のメンバーだった、シールズ・ウォレン海軍軍医か、スタッフォード・ウォレン大佐に絞られた。

そこで、はたと気づいた。その名前なら見覚えがある。

慌ててスキャンさせてもらっていた篠原教授の手帳を見返した。確かそれに近い名前が書いてあったはず……。

あった、「Stafford L. Warren」と記されていた（次ページの写真）。

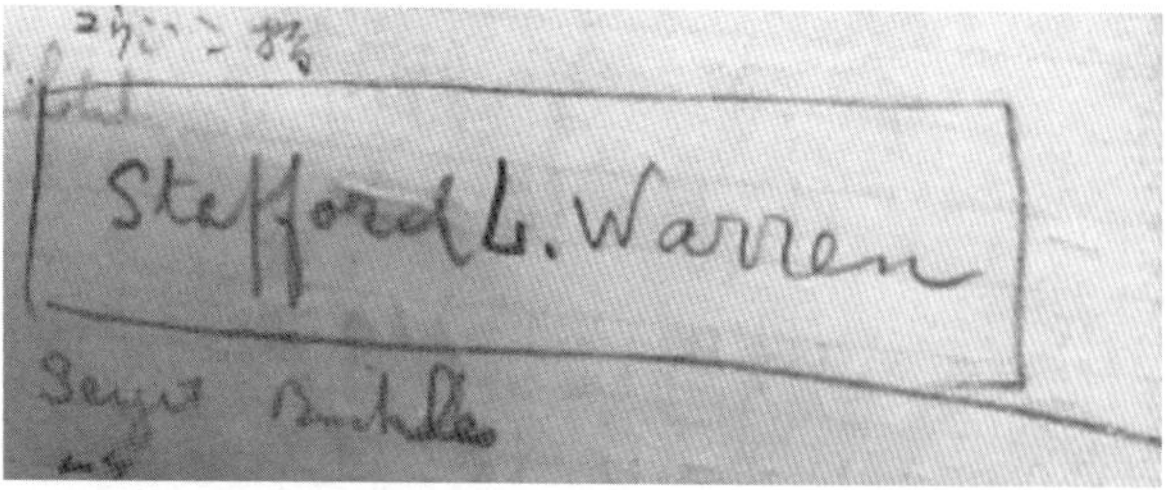

篠原教授の手帳にあった「Stafford L. Warren」のサイン

スタッフォード・ウォレンは「マンハッタン計画」の医療部門のチーフで、放射線科学者でもある。「マンハッタン管区調査団」では班長を務めていた人物だ。西山地区の調査についても、重要な役割を担っていたのではないか。

日本から約九〇〇〇キロ。その資料は、カリフォルニア大学ロサンゼルス校、通称「ＵＣＬＡ」の図書館に眠っていた。「WARREN PAPERS」と呼ばれる資料群だ。ウォレンがＵＣＬＡの医学部長を務めた縁から、ここに所蔵されている。

その数は、ＢＯＸと呼ばれる資料をまとめた箱だけでも三〇〇以上に上る。そのうち、五〇〜七〇番台のＢＯＸに、多数の広島・長崎関連の資料が収められていた。「アメリカは原爆に関する資料をすべて持ち帰った」とよく言われるが、そのことを実感するボリュームだ。

ＢＯＸ64に「Patient Data」と書かれた資料[15]があった。複写しているもののため見にくいが、一枚ごとに付箋のようなメモが五〜六枚ずつ貼り付けられていた。

一行目には筆記体で、名前、年齢、そして性別を示す「♂ ♀」が記されている。
二行目に「4chome Nishiyama」とあった。それは西山四丁目の住民に対して行われた、血液検査の結果を示した資料だった。付箋ごとに、少し大きな文字で「ＷＢＣ」とある。「WBC 11550」「WBC 19600」。軒並み、一万超えの数字が並ぶ。ＷＢＣとは「White Blood Cell」つまり白血球のことだ。それが一万を超えるということは何を意味するのか。

西山地区でのこの血液検査に関わった九州大学の石川数雄医師は、戦後に残した証言[16]でこう振り返っている。

> とにかく普通でない変化がありました。（中略）非常にたくさん増えて、一万二万と、いわゆる白血球増多症。それが若い子どもほど強かったということなんです。（中略）それ（残留放射線）がずーっと蓄積した時にどうなるかという形における、いままでにないひとつの現れだと思うんです。（中略）そういうときに私達はここに非常に恐るべき事実があるような気がしまして（後略）

当時、石川医師が人体への影響が生じる可能性を懸念していたことがうかがえる。

広島大学・鎌田七男名誉教授

資料に書かれた数字について、専門家の意見を聞いた。放射線医学の第一人者である広島大学の鎌田七男名誉教授だ。

白血球が一万以上というのは正常値をはるかに超える値で、放射性物質が体内に入ったことで起きた可能性が高いと指摘した。

「内部被ばくで、骨髄を刺激しているんです。特にプルトニウムは骨髄に留まりますから、刺激されて白血球が増えるんです」

血液検査の資料の中に、中尾恒久さんの結果はないだろうか。二〇ページほどめくったところに、それは記されていた。

「TSUNEHISA NAKAO」「WBC 10250」

血液検査は複数回にわたって行われ、ウォレンが残し

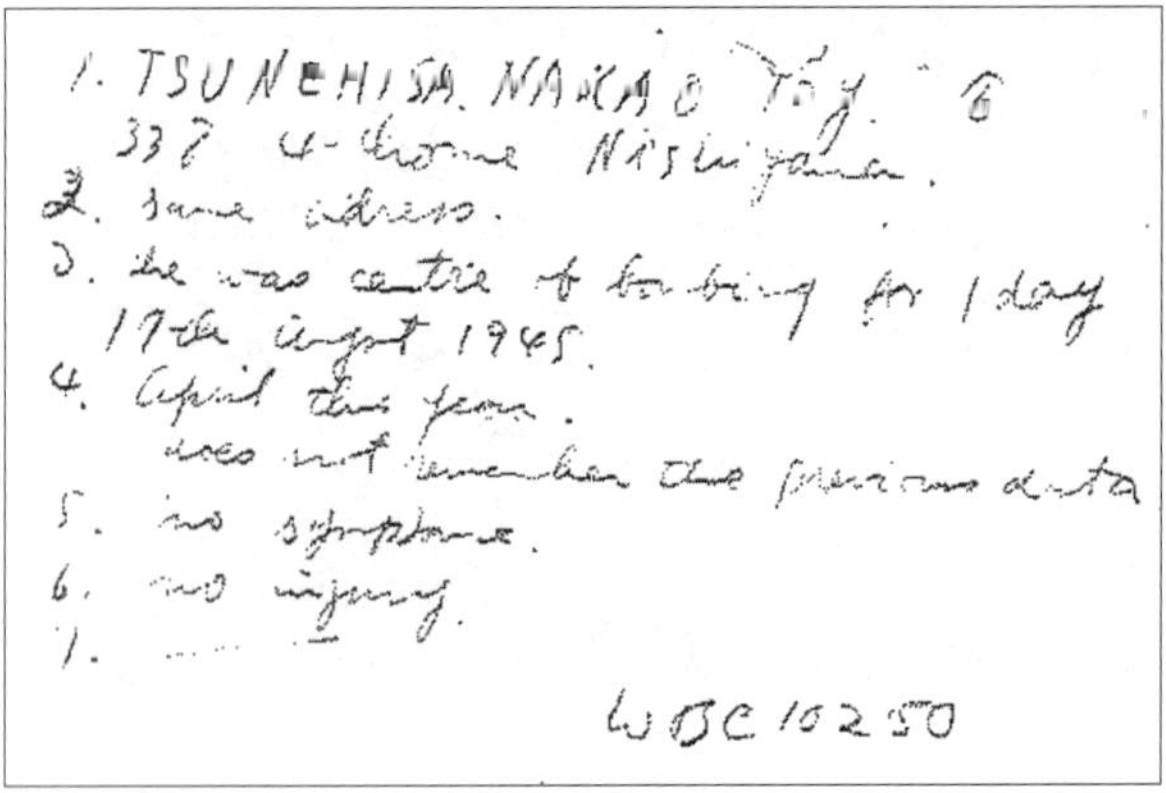
1. TSUNEHISA NAKAO
337 4-chome Nishiyama.
2. Same address.
3. he was centre of bombing for 1 day
17th August 1945.
4. April this year.
does not remember the previous data
5. no symptoms.
6. no injury.
7. ....

WOC 10250

スタッフォード・ウォレンの資料 = UCLA Library Special Collections

た他の報告書には、恒久さんの白血球の値が三万を超えているものもあった。

今回、新たに発掘した報告書[17]で、西山地区についてアメリカ軍はこう記していた。

> 西山地区の人々は、原子爆弾の投下から数か月後に有意な白血球増加がみられた。動物の場合、全身に被ばくした後に白血病が進行する可能性があることからすると、これは特に興味深い。

私たちは、これらのウォレン大佐の資料を、恒久さんに見てもらった。

血液検査の資料を出すと、それまで穏やかだった彼の表情が険しくなっていった。

「ちゃんと説明を受けたことは？」

「いや、それはなか」

そして、私たちの質問の言葉をさえぎるように言った。

「その結果は、一回も教えんやったもんね」

彼は、眉間にしわを寄せてうつむいていた。長い沈黙だった。

正直、私たちの中には、資料の存在を伝えるべきかどうか、ためらいもあった。だが、事実を知りながら伝えないのでは、アメリカの調査団が住民にとった行為と同じになってしまうし、何より本人の健康に関わる重大な情報は、本人が知って判断すべきだ。

アメリカ軍は、「残留放射線の人体への影響はない」としながらも、特に残留放射線の値の高かった西山地区の住民にどのような変化が起きるのか、検査を繰り返し、観察を続けていった。

一方でアメリカ軍の思惑を知らされないまま検査に協力した住民たちに、調査の目的や結果が伝えられることはなかった。

その後しばらくして、体調不良や原因が不明なまま亡くなる人が出ていた。

第3章
軍とメディアになきものとされた「残留放射線」

広島・長崎で原爆を投下した直後に行われた「原爆初動調査」。しかしアメリカ軍によって「残留放射線」の情報を隠蔽する工作が行われていた――。

この章では、「残留放射線は皆無である」と結論づけるアメリカ軍の主張を、「原爆の父」オッペンハイマー博士や、軍から特別待遇を受けたピュリッツァー賞受賞記者らが支え、重要な調査報告が封印されていった経緯を明らかにする。背景にあったのは――。

人類初の核実験　調査されていた「残留放射線」

そもそも原子爆弾の爆発で必ず発生する「残留放射線」について、アメリカ軍はどのような認識を持っていたのか。私たちは、原爆開発計画「マンハッタン計画」の総責任者レスリー・グローブス少将（階級は当時）の動向に注目し、取材を始めた。

残留放射線の影響について初めて調査が行われたのは、一九四五年七月一六日。人類初の核実験「トリニティ核実験」だった。この実験はアメリカ南部のニューメキシコ州で行われ、長崎で使用されたプルトニウム型の原爆が使用された。

人類初の核実験の成功に興奮するグローブス少将の様子が、のちに日本の原爆調査団の団長を務めるトーマス・ファレル准将の手記[18]に残されていた。

レスリー・グローブス少将（1944 年撮影）＝ Photo by Getty Images

一九四五年七月一六日の早朝にニューメキシコ州の人里離れた砂漠で行われた実験は、驚くほどの成功だった。（中略）巨大な火の玉が放つ強烈な光が弱まり、猛烈な爆風がおさまるやいなや、私は原子爆弾を開発したロスアラモス研究所の優秀な所長、J・ロバート・オッペンハイマー博士と共に、原子爆弾を起爆させた中央制御シェルターから外に出た。我々は車でベースキャンプへ行き、そこで原子爆弾計画の指揮をしたレスリー・R・グローブス少将と合流した。彼はコナント博士、ヴァネヴァー・ブッシュ博士その他数人と一緒で、全員がたった今見聞きし感じたことに驚嘆していた。我々は互いに反応を比べ合っていた。

我々がまず感じたのは、数万人もの熱心な労働者たちがこの秘密計画のために何年間も費やした努力が無駄にならなかったことへの深い満足感、そして爆弾が爆発したことへの強い安堵感だった。さらに、戦争で何が起きようとも、アメリカは戦争を迅速に終結させて数十万人もの若者の命を救う手段を手に入れたのだという揺るぎない確信も生まれた。原子爆弾による攻撃に長い間耐えられる国などない。この兵器を早急に実戦配備すべきである。

そして、グローブス少将と共に核実験に立ち会った物理学者のオッペンハイマー博士もまた、原爆はそれまでの兵器とは全く次元の違う兵器であると印象的な言葉で語っている。

私たちは世界がこれまでとは同じでなくなったことを知っていました。笑う者や泣く者もいましたが、ほとんどの人は沈黙していました。私は、ヒンドゥー教の聖典バガヴァッド・ギーターの一節を思い出しました。（ヒンドゥー教の神）ヴィシュヌが王子に務めを果たすように説得するため四本の腕を持つ姿で現れ語った言葉「われは死神なり、世界の破壊者なり」。私たちは皆、多かれ少なかれ、こう思っていたはずです。[19]

この核実験では「残留放射線の調査チーム」が結成されていて、すぐにどの程度の範囲まで影響があるのか詳細な調査が行われた。チームの中心となったのは「マンハッタン計画」の医療部門のチーフで放射線科学者のスタッフォード・ウォレン大佐。のちに日本の「マンハッタン管区調査団」の班長を務めた人物である（第2章参照）。この時ウォレン大佐は、残留放射線の広がる様子を次のように述べている。

ロバート・オッペンハイマー博士＝Photo by Getty Images

> トリニティ核実験によって発生したエネルギーは、科学者グループが予想していた数倍の威力だった。巨大な円柱状の雲は驚くべき高さで五万から七

万フィート（約一万五〇〇〇～二万一〇〇〇メートル）にも達した。それは数時間にわたって空中に漂いながら、北東の方向へと動いていった。この間に最も大きな粒子のほとんどは降下した。様々な高さに舞い上がった粒子は、異なる方向へと動いていった。（中略）爆発後二時間が過ぎるまでには、雲の主な部分は認識できなくなり、雲の白く最も高いところは成層圏にまで達したものと思われる。

八時間後、調査員たちは、爆心地から北東三二キロの地点で、非常に高い値を検知した。砂漠の谷の値は、深刻な生理学的影響を起こすに十分であった。さらに離れた地域への放射性降下物の分布は、その地域の風向きと風の強さ、土地の形状によってまだらでムラがあった。（中略）最も放射性降下物が広がったのは四分円で区分した北東方面で、後日馬に乗って調べなければならない。[20]

後日行われた調査では、住民がいないと思われていた地域で、多くの家畜に残留放射線が影響を与え、細胞組織が破壊されるケースを確認した。

トリニティ核実験から五日後、事の重大さを認識したウォレン大佐は、テスト現場から風下の二七〇〇平方マイルにわたる高い放射線量を受けた地域には〝極めて深刻な危険〟が存在するとグローブス少将に報告した。[21]

そして、まだ途方もない量の放射性物質が付着した塵が空気中に漂っていることを指摘した上で、今後核実験を繰り返すのであれば、今回の実験場は狭すぎ、人の住んでいない、少なくとも「半径一五〇マイル（約二四〇キロ）」の広い場所を確保することが必要であると勧告した。

グローブス少将は、ウォレン大佐が公然と残留放射線の不安を表明したことに激怒した。そしてこの指摘を無視し、上官のマーシャル陸軍参謀総長に、もしアメリカが日本の戦場で原爆を投下し、戦場を汚染する放射線を使ったとしても、アメリカの兵士は数時間以内に安全になると保証した。[22]

否定された「残留放射線の脅威」

科学者の警告を無視し、日本への原爆投下を指揮したグローブス少将。彼はその後「残留放射線の脅威」を語る言論への取り締まりを強化していく。

まず最初に残留放射線の脅威を伝えたのが、アメリカの新聞だった。日本に原爆が投下されてすぐに、コロンビア大学の遺伝学者ハロルド・ジェイコブソンの主張が、アメリカ中の新聞の見出しを飾った。

広島に投下された原子爆弾の被害の程度を確かめようとする日本人の試みは、自殺行為である。その結果、血液中の赤血球が破壊され、酸素を取り込むことができなくなり、白血病の患者と同じように死亡することになる。また、原爆の放射線は約七〇年間消えないという実験結果もあり、広島は四分の三世紀近く、月と同じような荒廃した地域となる。さらに、降り注ぐ雨はこの致死性の放射線を拾い上げ、川や海に運び、その川や海に棲む動物たちは死んでしまう。[23]

ジェイコブソンが指摘した原爆の残留放射線の与える深刻な影響は、社会を震撼させた。この指摘にいち早く反応したのがアメリカ陸軍だった。ニューヨーク・タイムズ紙には、ジェイコブソンの記事のすぐ隣に「陸軍はジェイコブソン博士の説を否定」と題した反論記事を掲載した。記事は、オッペンハイマー博士の長い引用を含んでいた。

ヒロシマの地面に、はっきり認められるほどの放射能は存在せず、わずかに存在していた放射能もごく短時間に減衰《げんすい》したと信じるべき確かな理由がある。[24]

その後、ジェイコブソンは、自宅で数時間にわたりFBIと陸軍情報部隊から尋問を受け、政府の秘密保持規則に違反したスパイ活動法の下で訴追すると脅された後に発言を撤回した。[25]

一方、ジェイコブソンの主張を否定するオッペンハイマー博士の見解は、「マンハッタン計画」に関わる科学者にとって衝撃的な内容だった。「マンハッタン計画」で放射線科医を務めたロバート・ストーンは、日本へ原爆調査に向かう科学者のフリーデルに宛てた手紙の中で、次のように記している。

あなたを含め多くの人が分かっている通り、この（マンハッタン）計画に関わってきた者たちはその非常に多くが、複雑な気持ちを抱えつつ仕事をしてきました。彼らは、原子爆弾と原子力の利用が手の届くところに来たこと、そして、もし我々がそれをやらなければ、我々の存在が危うくなることに気づいていました。しかし、原爆の使用は、その破壊力が人々の想像力をはるかに超えて甚大であることから、すでに日本人がそうしたように、我々への強い非難につながるだろうと感じています。

ひとつ疑問に思うのは、日本人は、（原爆の）爆発の危険が過ぎ去った後も放射線の危険が残るということを、（事前に）警告されていたのでしょうか？　日本人に対してこの警告が与えられたのかどうかを突き止めてくれ、と私は頼まれたのです。もし、赤十字の、例えばスイス人のスタッフが、被爆した地域に原爆投下の数時間後に入ったとしたら、そして、全く何の警告も受けておらず、何も感じないまま放射線の影響で死んだならば、我々は、不必要に人の命を奪ったことに対して、罪の意識を持つことになるでしょう。個人的に、私は、人を殺す方法にほかよりもましだとかひどいとかいうものがあるとは思いません。日本人を放射線のある地域に歩いて入って行かせることの方が、炎で焼き殺したり、地雷を仕掛けるよりもより非人道的だ、とは思いません。ただ、この点をあなたに尋ねるように頼まれたのです。答えを見つけるべく誠実に努力してくださるようお願いします。

新聞でオッペンハイマーの言葉の引用を、そして放射線の危険が全くないという印象を与える記事を読んだ時は、自分の目が信じられませんでした。明らかに、あらゆる物事は相対的であるようです。[26]

原爆の惨状を世界に訴えた日本

八月六日と九日に、相次いで原爆を投下された日本。

日本政府は、降伏条件を少しでも有利に導くため、アメリカが国際法に違反する非人道的な兵器を使用したと国際ラジオで徹底的に抗議し、世界へ訴えた。アメリカの国立公文書館にかつて残されていたこの録音が、一九八九年放送のＮＨＫスペシャル「世界は原爆をどう知ったか」の中で使われている。[27]

「原爆が投下された時、小学生は校庭で朝の体操の最中だった。アメリカ軍は冷酷にも最悪の時刻に攻撃したのだ。人々はやけどで皮膚がただれ、苦しみにもがいている」「原爆は今や世界の批判の的となっている。それは〝人類への呪い〟だ。罪のない市民の大虐殺の様子は言い表すこともできない」「この死の兵器を使い続ければ、全ての人類と文明は破滅するだろう」

この日本のラジオ放送を情報源に、世界の報道機関はヒロシマの惨状を一斉に報じた。八月二五日、アメリカのニューヨーク・タイムズ紙は、次のような記事を掲載した。

ラジオ東京は伝える。ヒロシマは死者の行列であふれ、生き残った人々も死を待つばかりである。原爆の放射能で三万人が死亡。放射線によるやけどで今も死者が増え続けている。

放射能は無数の犠牲者を生み、救援にかけつけた人までもが様々な病気に苦しめられている。ヒロシマは死の町と化した。

さらに、世界の新聞社にも影響は波及し、各社が原爆を批判する記事を載せ始める。中国の解放日報は「原爆で平和をかちとることはできない」と述べ、イギリスのデイリー・エクスプレス紙は「ヒロシマでは原爆が落ちた三〇日後にも人が死んでいる。それは『原爆の疫病』としか表現できない」と論じた。

世界に原爆の残虐性を広めた日本のラジオ放送。この放送を聞いたグローブス少将は、すぐに日本の主張を否定するための行動に出る。

八月二五日、グローブス少将は、オークリッジ病院の外科医のチャールズ・リー陸軍少佐に電話をかけて、日本のラジオ放送について相談した。その通話記録が残されていた。[28]

グローブス少将　続いてこれだ。「ウランの核分裂により生じた放射線は、次々と人命を奪い、広島の復興作業者にも多様な傷害をもたらしている」

リー少佐　たぶんこんな話でしょう。放射能なら被害はすぐには出ない。じわじわ出るんです。被爆者はただ火傷しただけですよ。火傷もすぐには気づきません。じわじわ出るんです。少し赤くなって、数日したら火ぶくれが出て、皮膚が崩れたりしますね。

（中略）

グローブス少将　次はまたやっかいな話だ。「数日後に不思議な症状で死んだ被害者は、米国の大規模核実験の犠牲者と死因が同じだろう、とラジオ東京が報じた」。事実ならとんでもない話となる。

リー少佐　お偉方のどなたかに否定声明を出させたらいかがですか？

この通話記録は、グローブス少将が「あえて残した通話記録」だと、歴史学者のジャネット・ブロディ教授は考えている。

ブロディ教授は、核兵器の放射線をめぐる組織と個人の関わりを、膨大な機密文書や関係者の取材から長年研究し、その真相を追い求めてきた。この通話記録からは、グローブス少将が放射線に関する知識を持ち合わせていなかったという証拠をでっち上げようとする思惑がみてとれるという。

もし放射線の知識を持ち合わせながら原爆投下を指揮したことになれば、原爆を投下して戦争を終結させたという世間の高い評価が一転、国際法に違反する非人道兵器を使用したという批判に変わりかねない。そのためトリニティ核実験ですでに残留放射線の危険性について科学者から報告を受けていながら、あえてそのことを知らない体裁で通話記録を残したというのである。

グローブス少将は、この通話が記録として残されることをよく知っていた。この時、全ての「マンハッタン計画」の機密資料と、通話記録の文字起こしを保管する責任者だったからだ。

グローブス少将は、外科医のリー陸軍少佐に確認をとったあと、日本の報道はでたらめだと相次いで発表している。八月三〇日のニューヨーク・タイムズ紙によると、彼は「原子爆弾の放射能降下物（残留放射線）による死の報告は、純然たるプロパガンダである」と述べ、「アメリカの科学者の研究では残留放射線による死についての報告はなされていない。原子力の研究を止めてしまうことは、アメリカが自ら死を選ぶことに等しい」として、原爆は非人道的な武器ではなく、アメリカになくてはならないものだと論じた。[29]

さらにグローブス少将は、上官のマーシャル陸軍参謀総長に宛てた覚え書き[30]で、日本へ派遣する原爆調査団の任務について、こう伝えた。

ファレル准将の率いる調査団は、我々の占領部隊と共に日本に入るべく移動しつつあります。彼らの使命は、広島においても、あるいは長崎においても、アメリカの軍隊が放射性物質から有害な影響をこうむることはありえないことを疑問の余地なく確かめることであり、またこれら二つの地域におけるすべての被害の程度を確かめることです。

この頃テニアン島では、ファレル准将が広島・長崎に調査へ向かう原爆調査団の団員たちに「君たちの任務は、ヒロシマとナガサキに放射能がないということを証明することだ」とグローブス少将の意向を伝えていた。

紙面で残留放射線の影響を否定し、原爆調査でそのことを証明する。結論ありきの調査を命じた背景には、原爆の非人道性を科学的にも否定できる流れを、マスコミや政治を巻き込みながら作りあげようとするグローブス少将の思惑があった。

核実験場での会見で否定された「残留放射線」

九月六日、グローブス少将の副官であるファレル准将は、日本上陸後の記者会見で、残留放射線の影響を否定する。この日本での会見に連ねるように、九月一一日にグローブス少将がアメリカでも記者会見を開いた。会見はトリニティ核実験が行われた場所で、三〇人ほどのニュース記者とカメラマン、科学者、医師を集めて開かれた。

核実験場で会見をするグローブス少将（中央右）。原爆の熱で溶けた鉄塔に触れているのはオッペンハイマー博士（中央左）。全員、靴の上から袋で覆っている。周囲の砂は翡翠色のガラスのような燃えかすになっていた = Photo by Getty Images

実は、依然としてトリニティ核実験場は、残留放射線が検出される危険な場所だった。記者会見を開く前、グローブス少将はマンハッタン計画の科学者に「この場所は安全ではない」と指摘を受けていた。しかし、グローブス少将は記者会見を強行。苦肉の策として科学者は、「白い袋」を靴の上から重ねて履くよう関係者に指示していた。この時の写真をよく見てみると、みな白い袋を履いて記者会見に臨んでいる様子が見て取れる（上の写真）。

そして、広島・長崎に残留放射線の影響がないことを、同席したオッペンハイマー博士に科学的な観点から説明させた。その内容が、原爆開発の研究所のあるロスアラモスの地元紙の記事[31]に掲載されていた。

地面をX線による放射線汚染から防ぐため、ヒロシマとナガサキの原爆は地面からずっと高い位置で爆発させられた。（中略）オッペンハイマー博士は「原爆の日本上空での爆発高度は、放射性物質による地面の汚染が間接的な化学兵器を用いた化学戦のような状況を引き起こさないように、そして、大きな爆発による以外の恐怖を招かないように計算されて設定された」と語った。

オッペンハイマー博士は、原爆は地上六〇〇メートルという高い地点で爆発したため、放射性物質は成層圏まで到達し、地上に落ちてくるのは極めて少量になるという見解を述べた。そのため、広島・長崎では人体に影響を与える残留放射線は発生しないとしたのだ。

グローブス少将はこのオッペンハイマー博士の見解を、アメリカ政府の残留放射線に関する公式見解として、日本で残留放射線が発生しない根拠とした。

グローブス少将の見解を支えた「メディア」

グローブス少将の見解を支えたのが、メディアだった。

特に、ニューヨーク・タイムズ紙の科学記者であるウィリアム・ローレンスは、グローブ

ローレンス記者（左）とグローブス少将＝Courtesy of the Atomic Heritage Foundation and the National Museum of Nuclear Science & History. All Rights Reserved

ス少将から特別扱いを受けていて「マンハッタン計画」を独占的に取材することを許されていた。ローレンス記者は、当時、トップシークレットとされていた原爆開発の拠点の町、ロスアラモスへの訪問や、トリニティ核実験の見学を唯一許され、また長崎の原爆投下の瞬間をB－29の計測器搭載機から目撃した人物である。その「舞台裏」を描いた記事で、二度ピュリッツァー賞を受賞している。

彼によって書かれた一九四五年九月一三日のニューヨーク・タイムズ紙の記事は、「廃墟・ヒロシマに放射能はない」という見出しと共に、日本で開かれたファレル准将の記者会見の内容を引用し、原爆が危険な残留放射線を発生させたことを全面的に否定する内容を伝えた。[32]

アメリカのジャーナリストで歴史家のビバリ

ー・キーバー教授がウィリアム・ローレンスの記事をまとめ分析したところ、その内容は原子爆弾が残した放射線の存在を否定するか、完全に無視するかのどちらかであったと指摘している。[33]

ニューヨーク・タイムズ紙は、広島と長崎に相次いで原爆が投下された際、五日間で計一三二本の原爆に関するニュース記事を掲載したが、放射線や残留放射線に関する内容は、省略するか曖昧に報道することに終始した。[34] その後、長崎に原爆が投下されてから一〇か月の間に、原爆の放射線に触れた記事は一五本。そのうち九本は、放射線による影響を矮小化するか、人々が抱いていた不安を払拭するような内容で、他の記事はさらに曖昧なメッセージを伝えるものであった。[35]

第4章

「忖度《そんたく》」は核開発のために

グローブス少将に「忖度」された報告書

「君たちの任務はヒロシマ、ナガサキに放射能がないと証明することだ」と指令を受けていたアメリカの「マンハッタン管区調査団」。ファレル准将の帰国後「残留放射線の調査」の報告任務を任されたのが、トリニティ核実験で残留放射線の危険性を指摘した、スタッフォード・ウォレン大佐だった。

日本での残留放射線の測定結果について、ウォレン大佐らは、グローブス少将へどのような報告をしていたのか。私たちは報告書を入手した。

一〇月五日にグローブス少将へ送られた報告書[36]では、これまで「測定可能な放射能は全くない」としていたファレル准将の報告とは異なり、意外にも長崎で残留放射線を測定した事実が書かれていた。

長崎の放射能は、真東の有明海に向かう狭い領域や西、あるいは北と北東、あるいは東と南東の五〜一〇マイル（約八キロから一六キロ）離れた地点に不規則に並ぶ周辺都市において検出され、南南東、あるいは南と南西では最初に立ちはだかる山を越えては広がっていない。測定値は（長崎の）収容所の場所での高い値を除けば、平均してバックグラウンド放射線（自然界に存在する放射線）の二〜六倍で、市内から東に二カ所高くなり、間で低くなる。高いのは二七〇〇メートル東、あるいは南東の貯水池と八キロ南東の谷で、バックグラウンド放射線の一〇〜五〇倍の残留放射線を測定した。

しかし、ウォレン大佐によって地域全体は安全であると判断され、「日本人物理学者たちはまだこの放射線の出所を確信していないが、人体に害がないことは同意している」と報告された。

さらに、一〇月一一日にウォレン大佐からグローブス少将へ送られたトップシークレットの報告[37]でも、科学者フリーデルが広島で残留放射線を測定した結果を伝えていた。

フリーデルは広島では、爆心直下でバックグラウンド放射線の八〜一〇倍の値、その他の地域でも（バックグラウンド放射線の）二〜四倍の放射線を測定した。また、日本人の物理学者が南西3キロの地域でバックグラウンド放射線の二〜三倍の値を測定した地域があった。

しかしウォレン大佐は結論として「非常に些細で危険ではなく、計器の感度のほとんど下限であった」[38]とした。

グローブス少将に送られた二つの報告に共通しているのは、内容の部分では残留放射線は計測されたのだが、常に人体への影響を否定した結論となっていたことだった。

歴史学者のブロディ教授は、ウォレン大佐はトリニティ核実験の際、残留放射線の影響について不安を述べたことでグローブス少将の機嫌を損ねたことに気がつき、その後の文書では残留放射線の影響を小さくみせることで、グローブス少将の機嫌をとろうとしていたと分析している。

その一方で、グローブス少将が報告書の詳細な内容にほとんど目を通さないことを知っていたため、現地で測定した数値や統計的なデータを巧みに混ぜ合わせた内容になっていると指摘した。

結論と内容に齟齬《そご》がある報告書は「軍の意向」と「科学的事実」の狭間で葛藤するウォレン大佐なりの苦肉の策だったのか。しかし、その真意を語るウォレン大佐の記録は残っていなかった。

上院の委員会で発言するグローブス少将 = Photo by Getty Images

「残留放射線は〝皆無〟である」

一一月二八日、グローブス少将は、ワシントンで上院原子力特別委員会に呼ばれ、原爆投下後の人体への影響について高い関心を持っていた議員からの質問に答えている。

その時の議事録[39]を入手した。そこには、グローブス少将が「高い高度で原爆を爆発させると残留放射線は発生しない」というオッペンハイマー博士の見解を踏まえ、人体への影響を否定する発言が記されていた。

オースティン上院議員　残留放射線を調査した記録はありますか。

グローブス少将　はい、ございます。残留放射線は皆無です。「皆無」と断言できます。

（中略）

委員長　皆無だった理由は、原爆の爆発のしかたにあるのですか。

グローブス少将　そうです。爆発は非常に高い位置で起きたため、放射能による後遺症は発生しませんでした。爆発当時は、若干の放射能被害が発生しました。（初期放射線による）急性症状です。爆発の瞬間に被爆しなかった者で、症状を発した者はおりません。また放射能による犠牲者は、我々が知る限りでは比較的少数でした。

委員会で「残留放射線は皆無」と強調し続けるグローブス少将の発言に違和感を覚えた委員長や上院議員は、次々と質問を投げかけた。

委員長　放射能被害がなかったからといって、別に喜ぶ必要はないのではありませんか。仮に放射能があったとしても、倫理に反することは何もしていないでしょう？

グローブス少将　はい、していません。我々は倫理に反する行為は避けたいと思っていたし、事実避けました。この問題は、一握りの、あるいは何千人という日本国民が放射能被害に遭うか、それともその一〇倍もの人数のアメリカ人の命を救うかという問題であると私は思います。これに関して私はためらいなく、アメリカ人を救う方を選びます。

委員長　陸軍省は何度も何度も「放射能による被害はなかった」と強調しているように私には思えます。事実を述べるだけなら問題ないのですが、そのことをむやみに強調するとなると、放射能被害を認めると、倫理的に間違いを犯したことになるという思いが陸軍省側にあったのではないですか。

グローブス少将　私としましては、何であれ、今回の戦争を一日でも早く終わらせる手段について、何の迷いもございません。

ラッセル上院議員　仮に放射能が甚大な被害をもたらしたとしても、別にそれが倫理に反しているのではとほのめかすつもりで質問したわけではありません。しかし今、アメリカの多くの国民が、原子力とその使用をめぐる多大なる不安のもとで生活しております。したがって放射能の影響がいったいどれくらいの範囲にまで及ぶのか、明らかにしておきたいと考えたわけです。

グローブス少将　皆さんさえよろしければ、いますぐその点をご説明したいと思います。さっきも申し上げたように調査の結果、爆弾の爆発時を除けば、そのような事態は一切起きなかったこと、放射能による犠牲者は比較的少数であることがわかりました。犠牲者が何人ぐらい出たかや、その内訳は不明です。しかし、現地でのあらゆる調査にもかかわらず何も判明しなかったことから、放射能被害がなかったことは明らかです。

ミリキン上院議員　仮に爆弾が地中で爆発したら、影響も違ってきますか。
グローブス少将　仮に爆弾が地上または地面近く、例えば地上から一〇〇フィート以内（約三〇メートル以内）で爆発した場合は、ニューメキシコ州の時（トリニティ核実験）と同じような影響が出るでしょう。何か月ものあいだ影響が残るということです。その場合は、放射能による犠牲者が多数出ていたでしょうし、一定区域を立ち入り禁止にする必要も生じたでしょう。現地入りした調査団の第一の任務は、広島・長崎の両都市がアメリカ兵にとって一〇〇パーセント安全かどうかを判断すること、絶対に安全だとの確証を得ることでした。

上院議員からの質問に対し「残留放射線」の影響を否定し続け、倫理観について問われると、原爆は戦争を終わらせるために必要だったと論点をすり替える。グローブス少将が「戦争を終わらせるために必要」と訴えるフレーズは、長い戦争を終えたばかりの当時のアメリカ社会には、これ以上の言及を避けるくらい説得力を持っていたのかもしれない。

結局、残留放射線の人体への影響について深く掘り下げられないまま、グローブス少将は証言を終えた。

グローブス少将の証言を支えた科学者

実はこの証言の前日、ウォレン大佐は、グローブス少将に日本の原爆初動調査の報告書を渡していた。

入手した二一ページにわたる報告書[40]は、一九四五年九月五日から一〇月一二日まで日本で行った調査結果を「マンハッタン管区調査団」の医師や科学者がまとめたものだった。

報告書では、爆心地の近くで誘導放射能（放射線の照射を受けた物質が帯びる放射能）を検知したことが書かれる一方、残留放射線全般については「許容範囲」は少し超えているが、放射線の総量はとても少なく、急速に減少するのでその効力を失う。そのため、原爆が爆発した後にその地域に入った人間の健康に害をもたらしえなかったことは明らかであると、残留放射線の人体への影響については否定的な見解を示した。

内容はこれまでの報告書と同様、残留放射線の存在は認めたが、人体への影響については否定するグローブス少将の意向に応える内容だった。

前述のブロディ教授によると、ウォレン大佐は一九四六年一一月に軍を退役した後、カリフォルニア大学ロサンゼルス校の医学部に、極秘プロジェクト「Atomic Energy Project（UCLA-AEP）」を立ち上げ、アメリカ原子力委員会から膨大な資金を得ていたという。その額は、一九四〇年代後半当時の金額で年間一五〇万ドル（現在の貨幣価値に直すと約二〇〇〇万ドル＝二九億円ぐらい）。これが三〇年間にわたり支給された。

この極秘プロジェクトは、放射線の人体、植物、動物への影響を調査するものであったが、ウォレン大佐は資金源であるアメリカ原子力委員会への影響を気にして、原爆の残留放射線の影響を公言することで核のイメージを悪くすることは避けようとしていたという。

戦後、こうした核や放射線に関する数多くのプロジェクトや研究が全米各地の大学で急速に立ち上がり、政府から巨額の資金が流れ込んだ。そして、研究者たちは科学の名のもとにアメリカの核兵器開発と原子力産業を支え、潤沢な資金を受け取っていた。

封印された「原爆報告書」

約一〇〇〇か所にも及ぶ地点で残留放射線を測定し、人体への影響にも言及した海軍の「原爆報告書」をまとめたペース少佐。第1章に登場した人物だ。

アメリカへ帰国しこの報告書を提出したところ、突然、グローブス少将に呼び出された。証言記録[41]で、この時の緊迫した様子を明かしていた。

帰国後、私（ペース少佐）は報告書を書き「シークレット」扱いにした。ある日、上司に呼び出されると、一緒にグローブス少将がいた。彼らはしかめ面をしていた。

被爆地で調査を行うペース少佐（右） = National Archives and Records Administration

そしてなぜ「シークレット」扱いにしたのか聞いてきた。私が「トップシークレット」扱いにする権限はないと言うと、上司は「報告書はトップシークレットにすべきだった。これに関係する文書やデータは全て廃棄し、全てを忘れろ。報告書を書いたのも忘れることを命じる」と言った。これは作り話ではない。私は「イエス、サー」と答え、しっぽを巻いて退散し上司の言う通りにした。

ペース少佐の書いた原爆報告書は、グローブス少将に呼ばれた日から約三〇年もの間、表に出ることはなかった。

そして実はまだ、ペース少佐が広島と長崎で測定した残留放射線の、約一〇〇〇か所にも及ぶ地点の個別データは見つかっていない。私たちは、アメリカの様々な公文書館を取材したが、このデータを保存している所はどこにもなかった。

文化的「無知」を作ろうとしたアメリカ

グローブス少将の封印した「原爆の残留放射線に関する情報」は、「無知学」という学問の対象となるとプロディ教授はいう。

「無知学」とは、当局や企業などが流布を望んでいない情報の拡大を阻止することで、文化的に無知を作り出す行為について研究する学問である。この分野の学者は、歴史上、どのような手段で知識の欠如が醸成され、助長され、維持されてきたかに焦点を当て研究をしている。

プロディ教授は、グローブス少将らがどのように残留放射線の影響を知らない社会状況を作り上げていったのか、次のように分析した。

「アメリカの指導者や政治家は、約二〇億ドル（現在の貨幣価値で約二九〇〇億円）もかけて開発した原爆を捨てる気はありませんでした。しかしそのためには、人々にとって恐怖の源となる『残留放射線』といった負の情報を隠し、科学的メリットや医学的効果など肯定的な結果だけをとりあげ、核兵器開発や原子力産業に希望の光を当てることで、継続的に資金を供給できる体制を作りだす必要がありました。

そのためにグローブス少将は、負の側面から顔を背けたい市民の深層心理につけ込み、政治家やアメリカ国民を残留放射線の問題から目をそらすように巧みに操ったのです。

そして日本では占領期の検閲体制を使い、原爆に関わる文書の公表を制限し、アメリカでは原子力法など機密レベルをコントロールできる法を整備して全ての原爆に関わる文書を支配し続け、社会が残留放射線について『無知』である状況を作り出したのです」

ブロディ教授は、アメリカ社会は「無知学」の対象になるようなずるい手法を使い分けてきたといい、この恐怖をなだめすかそうとする動きは、現代にも通用する動きであると警鐘を鳴らした。

「核」を求め続けたグローブス

戦後、グローブス少将は「残留放射線」を否定する一方、核を保有するメリットを宣伝し続けた。一九四五年九月二一日、ニューヨークのウォルドーフ・アストリアホテルで、ビジネス、科学分野、軍部二五〇人の指導者たちを前に、アメリカが原爆を保有することの重要性について彼は高らかに語っていた。我々が入手した証言記録[42]にはこうある。

この兵器は、他の国が所有するようになるまで、我が国が所有していることが完全な勝利となることは間違いないと思う。ある日本の参謀将官がファレル准将に語ったところによると、広島の爆弾は耐えがたいものだったという。

原子爆弾は耐えがたいと思う。戦争で二度と使われないことを願う。他の国々が平和維持に関して我が国と同調する用意があると感じられるまで、アメリカが原爆の管理をすることが最善の安全保障策のひとつになると思う。

原爆は、様々な形で平和への力になりえる。侵略国は、平和国家が所有するよりも多くの原爆を保有しなければ、戦争を始めることはできないだろう。国家が秘密裏に兵力増強を行う機会をなくし、開かれた世界へと主導するための外交取引の材料として使えるだろう。

一九四七年、グローブスはアメリカ軍が核戦略を進めるために設立した「軍用特殊兵器計画」（AFSWP＝アフスオップ）の初代議長に就任した。国防省の核兵器計画の全てを担当していたAFSWPでグローブスは、戦争になった時、あるいはその可能性が生じた時、核兵器を作れる集団を直ちに国防省が結成できる、その体制確保が任務だったと振り返っている。[43]

国防省の核兵器研究を主導したAFSWPは、最高の機密保持体制を敷き、冷戦時代、最大の権力を誇る組織に成長していった。

一九七〇年、ワシントンでグローブスは亡くなった。生涯、広島と長崎を訪れることはなかった。

グローブスの業績について、息子と娘は次のように語っている。[44]

息子　リチャード・グローブス

「父は『マンハッタン計画』に関して、何の後悔もしていませんでした。正しいことを行ったたと、与えられた大事な任務をきちんと果たしたんだと。

父はよく僕の妻に、いつか原子力で料理ができるようになるからね、と冗談を言っていました。それは今のところはまだ実現していませんが。父は、原子力によって今後もたらされるであろう恩恵に期待していたんです」

娘　グウェン・グローブス

「父が亡くなった時、太平洋戦線で戦った兵士や将校たちから、ものすごくたくさんの手紙が届いたんです。手紙は、父への感謝の思いを綴ったものでした。原爆が落とされた時、自分が前線でどういう厳しい状態にいたか、それが原爆投下で戦争から解放され家族とどんなに喜びあったかが詳しく書かれていました。
大きな洗濯カゴが、そんな手紙でいっぱいになりました」

第5章
よみがえった広島・長崎の残留放射線の値

トップシークレットだった原爆初動調査の報告書に記載された残留放射線の測定データ。この章では、科学の力を借りて現代の数値に置き換え、「一九四五年の残留放射線マップ」の作成に挑戦。科学者たちも驚くその結果とは。

科学者の協力で「一九四五年の残留放射線マップ」を

当時、連合国軍の検閲やトップシークレットに分類され、表に出ることがなかった日米の原爆初動調査の報告書。この報告書に記載された残留放射線のデータを、現代の単位に変換し直すと、いったいどのような実態がみえてくるのか。

私たちは、今回入手した原爆初動調査のデータを現代によみがえらせ、まだ誰も制作したことのない「一九四五年　原爆投下直後の残留放射線マップ」を作成したいと考えていた。

しかし、当時の資料を読むと残留放射線を測定する機器や日米で測定された単位も異なり、どのように計算し直せば数値を整えられるのか全く分からず、私たちの挑戦はすぐに頓挫《とんざ》す

京都大学・今中哲二研究員

るかに思えた。
この挑戦に救いの手を差し延べてくれたのが、京都大学複合原子力科学研究所の今中哲二研究員だった。

今中さんは原子力工学が専門で、広島・長崎の原爆による放射線被ばく量の評価や、チョルノービリ（チェルノブイリ）原発事故やセミパラチンスクの核実験、また福島第一原発事故の放射能汚染状況の調査など、四〇年以上にわたり放射線被ばくや放射能汚染の影響解明のため、研究を行ってきた。また、原爆投下直後に日米の原爆調査団が行った残留放射線調査に関する膨大な資料を分析し、論文を発表してきた。

今中さんの研究室は、大阪・熊取町の京都大学複合原子力科学研究所にあった。厳重な警備体制が敷かれている研究所の入口で、今中さんが出迎えてくれていた。

「この調査のデータを現代の値に変換して、ひとつの地図上で見せることは可能ですか?」

日米の原爆初動調査の資料を見せて尋ねると、今中さんは、「それは可能です」と即答した。

ただし、そのままではダメだと、こんな助言をくれた。

「調査された時のデータだけを現代の値に変換して地図上に並べても、残留放射線の影響は見えてきません。当時の調査データから、原爆投下直後から半年の間に残留放射線の値がどのように変化するのか計算し直せば、当時の実態がより浮かびあがってくると思います」

これまでの研究で、広島・長崎に投下された原爆の残留放射線が、時間と共にどのように変化してきたのかという根拠となる分析結果は存在している。それを利用して、今回入手した調査データをもとにそれぞれの地点での原爆投下直後の残留放射線量を推計できるというのだ。

なるほど、それならばマップの作成は可能だろう。しかし計算はかなり高度な作業になる。今中さんに協力を打診したところ、「当時のデータからどこまで真相に迫れるかは分かりませんが、協力しましょう」と、自ら計算を買って出てくれた。

「検証・分析・計算」はこうして行った

私たちがまず始めたのは、一九四五年八月から四六年二月の間に、日米の科学者が残留放射線を測定した一一の調査報告[45]からデータを抽出する作業だった。

この一一の報告書に記載された残留放射線のデータの合計は三六一個。しかし、測定された時期や測定値の単位はばらばらで、数値の中には正確性を欠き計算対象から除外しなければならないものもあった。

全てのデータを統一した単位の数値に変換し、地図上に示すため、今中さんは以下の三つの作業を行った。

一つ目は「計算対象となるデータの見極め」だ。当時の調査報告書に載せられたデータを「地域的に見て原爆による残留放射線とは言いがたい」「バックグラウンド放射線と同等かそれより小さい」「残留放射線を測定した時期が遅い」などといった測定値を取り除き、計算対象を精査した。

二つ目は、計算対象となるデータの「推定測定日時」の決定だ。当時の文献や報告書を参照にしながら定めていくものの、時刻のはっきりしないデータもあり、その場合は正午の測定と仮定した。

三つ目が、当時、測定した際に使われた様々な単位を統一することだった。私たちはこの単位を、現在の被ばくの基準値と比較できる「空間線量率 μSv《マイクロシーベルト》/h（一時間あたりのマイクロシーベルト)」と決めた。空間線量率とは、地表を飛び交っている時間あたりの放射線量のことで、その場所での被ばく量を見積もるために測定される値である。現在、原子力施設からの一般の人々に対する被ばくとして公式に定められている線量限度は、年間あたり1mSv《ミリシーベルト》(=1000μSv)である。[46] また当時、原爆初動調査では三つの測定器(ローリッツェン検電器、ネイヤ型宇宙線計、ガイガー・ミュラー計数管測定器)で残留放射線を測定しており、ばらばらな単位で記録されているため、測定器ごとに数値を計算し、空間線量率μSv/hに換算した。

ひとつひとつのデータを見直し、今回の報道で使用する「残留放射線の数値」は、三六一個から二四五個に絞った。

さらに今中さんは、これらの数値を「残留放射線」の二種類の性質に分けて計算した。一つは爆心地の土壌などが中性子を吸収することで放射性物質となり、地面から放出される「誘導放射線」。もう一つが爆発で発生した放射性物質が雨や塵などとともに降り注ぎ、地上に残り続ける「放射性降下物(フォールアウト)」。この放射性降下物のことを、被爆地ではいわゆる「黒い雨」と呼んでいる。

そして最後に、残留放射線の値が時間と共に急激に低くなる「減衰」という現象に着目し、調査団が測定した時刻から時間をさかのぼり、原爆投下直後の放射線量を計算。その値を、

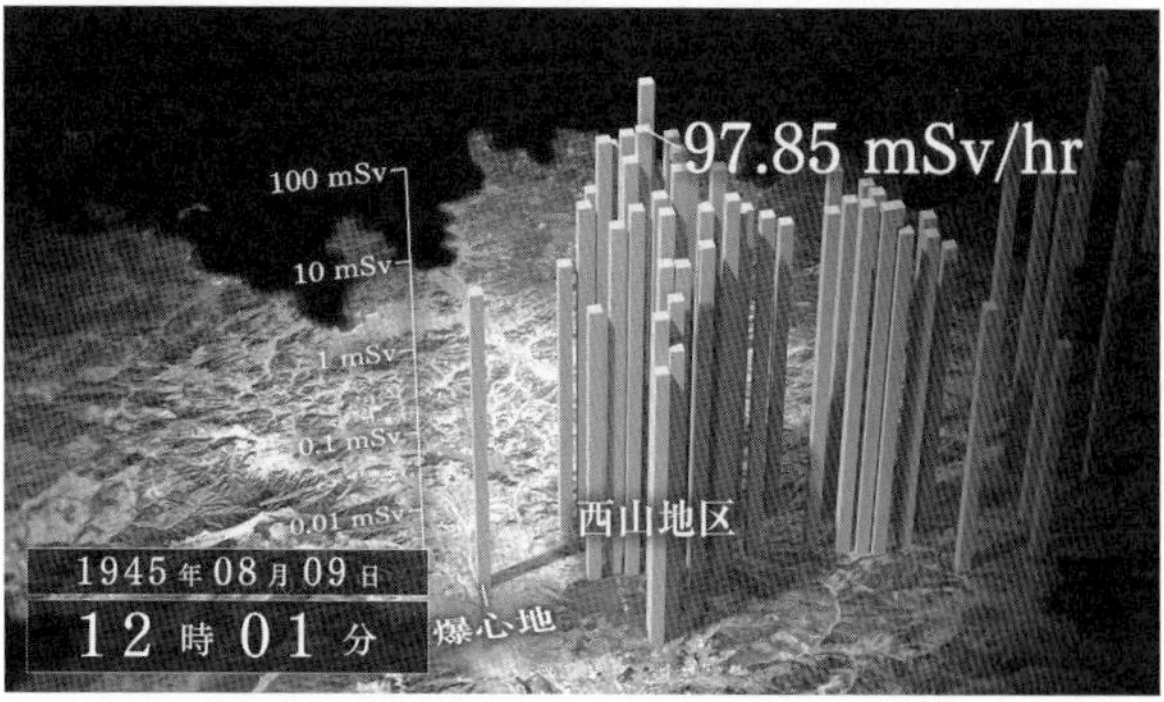

原爆投下直後の残留放射線マップ（長崎）

残留放射線が測定された地点で現在の地図に置き直していった。

作業を始めて約一〇か月。様々な条件によって異なる計算を繰り返した末、七六年前の広島・長崎の残留放射線マップが完成した。

七六年前のデータが物語る「脅威」

今回、地図に落とし込まれた二四五個の残留放射線の測定値。私たちは、早速、時間を巻き戻し、原爆投下直後の残留放射線の数値を調べてみた。すると、長崎で圧倒的な数値を示す地域が目にとびこんできた。爆心地から三キロ離れた長崎の「西山地区」である。

原爆投下から一時間後の西山地区の数値は、一時間あたり97mSvを超えていた可能性があることがわかった。現在定められている一般人の線量限度は一年間で1mSv。その値をわずか一分も満たない時間で超えてしまうので

マップを前に説明する今中研究員

ある。

値を見た今中さんも、驚いていた。

「これはもう直ちに避難すべき線量です。ある意味びっくりしました。しかし、西山地区の人たちはこのことを知らされずにそのまま過ごしていた。この値だと長期的に滞在すると様々な影響が出てくると思います。例えば西山地区の人たちの白血球の数値が異常に高いという変化が当時も報告されていますが、この数値であれば、そうしたことが起きていても納得がいきます」

さらに、長崎で注目したのは爆心地から約四五キロ離れた島原地区の値だった。原爆投下から四時間後、放射性降下物が到達したと考えられている午後三時に、一時間あたり0.5mSvという値が算出された。今中さんはこの値をみて「島原でも放射性降下物が観測されていることは知っていましたが、この数値は結構高いなと驚きました」と語った。

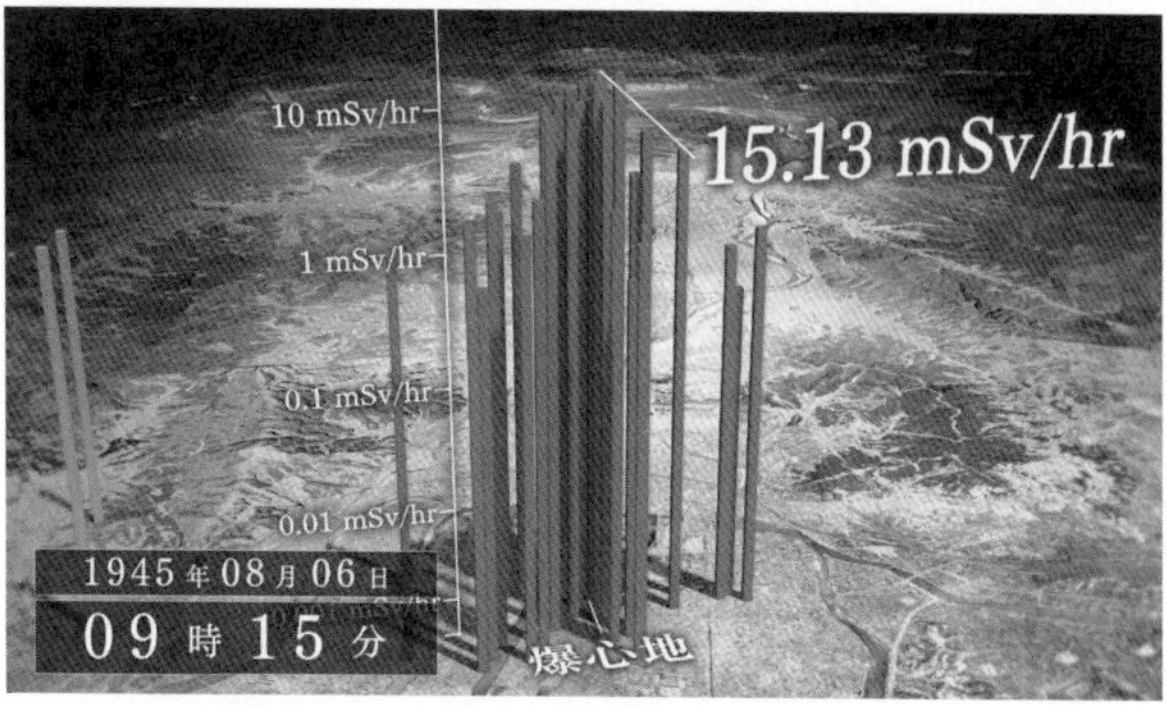

原爆投下直後の残留放射線マップ（広島）

一方、広島の値については、爆心地付近の原爆投下一時間後の値は、一時間あたり10mSvを超える地点が多く存在した。これは放射性降下物ではなく、土壌などが中性子を吸収することで、地面から放射性物質が放出される誘導放射線の値である。広島でも残留放射線の影響を知らない多くの市民が、原爆投下直後から爆心地に近い市の中心部へと救護や救援に向かっている。

私たちは、今回作成した残留放射線マップを、第2章にも登場した広島大学の鎌田七男名誉教授に見てもらった。彼も同様に、驚きの表情を見せ、残留放射線が人体に影響を与えていた可能性を指摘した。

「この残留放射線地図をみると、地域によって数時間たつと発癌リスクを高めると言われている100mSvを優に超えてしまう場所がある。これだけの数値からでも人体への影響はあったと考えられます。実際に体調を崩していった方もいるわけですから、この数値を見て、人体へ

鎌田七男名誉教授

の影響があったと意を強くすることができました」

今回、はじめて可視化された「一九四五年　原爆投下直後の残留放射線マップ」。広島や長崎では、原爆投下直後、現在定められている被ばく許容線量をはるかに超える数値だった可能性が、初めて浮かび上がった。一方で今中さんは、まだ七六年前の全貌には迫り切れていないと指摘した。

「今回、長崎の場合はエビデンスとなる測定値が広範囲にわたり残っていたためCGで再現ができましたが、残念ながら広島の場合は爆心地付近のCG化はできても、直後のデータが不十分だったこともあり、広範囲の影響を示すことができませんでした。結局、データがないと事実がなかったことにされてしまうのです」

今中さんの指摘する、広島や長崎で科学的データが残っていない地域は、残留放射線の影響があったかどうか分からないことを背景に「影響はなかった」と判断されてきた場所だった。その結果、それらの地域で残留放射線の影響とみられる病で苦しんだ被爆者は、何十年も被ばくしたことを認められないまま闘病生活を送ることになった。

今中さんは、可視化された七六年前の残留放射線地図を眺めながら、こう語った。

「原爆の調査は、科学者にとっての重い教訓です。同じようにならないためにも、現在起きている放射能被害については、きちんとデータをとって事実をしっかり残しておくことが大事だろうと思っています」

第6章
日本の原爆初動調査　苦闘する科学者たち

世界で初めて「原子爆弾症」の診断を下した医師

前述したように、原爆初動調査には、日本人の医師や科学者たちも加わっていた。当時、原爆が人体にどのような影響を与えるのか全く知られていない中、この脅威に彼らはどのように向き合ったのだろうか。

のちに「原爆症研究の父」と呼ばれた医師がいる。都築《つづき》正男。彼もアメリカの原爆初動調査に同行した。

都築は、一八九二年に兵庫県姫路市の開業医の長男として生まれ、一九一七年に東京帝国大学医科大学へ進学。卒業後、海軍へと進んだ。一九三九年、海軍軍医少将に進級。一九四五年に広島と長崎に原爆が投下された際、東京帝国大学医学部の教授を務めていた。

長男で、医師の都築正和さん（八八歳）は、周囲からは厳しい人だと思われていたという人物像を語る。

都築正男医師 = 撮影／米軍、提供／広島平和記念資料館

「父は学問的なことについては非常に厳格な考え方をする人で、そういう意味ではお弟子さんからは怖い先生だという風に言われていたようです。その反面、家では非常に優しい父親でした」

広島市の公文書館には、正和さんから寄贈された資料が約六〇〇〇点保存されている。日本は原爆初動調査でどこまで残留放射線の実態をつかんでいたのか、私たちは資料を読み込み、当時の医師や科学者の声を探した。

都築が被ばくの実態を初めて知ったのは、終戦直後の八月一六日。一人の患者が訪ねてきたのがきっかけだった。[47]

患者の名前は、仲みどり。移動演劇「桜隊」に所属していた女優で、広島には公演で訪れていた。

被爆したのは、爆心地から約七五〇メートル離れた宿舎でのこと。命からがら列車で東京に戻ったものの、体調に異変を感じていた。

診察では、背中にかすり傷がある程度で一見変わったところはなかったが、疲労を訴え、極めて衰弱していた。

いろいろと検査をしてみたところ、衝撃的な結果が出た。普通は一立方ミリメートルの血液中に六〇〇〇～七〇〇〇ある白血球の数が、四〇〇〇しかないのだ。この症状を引き起こした原因は、広島に落ちた原子爆弾と関係があるのではないか――。

都築は学生時代「放射線医学」を専攻し、放射線が人体におよぼす影響について研究を行っていた。研究していたのは、ウサギの全身に強い放射線を浴びせると、内臓や血液にどのような症状を引き起こすのかというテーマ。当時放射線は、頭なら頭だけ、足なら足だけと局部的に当てることが主流だったため、全身に強い放射線を当てる研究は非常に珍しかった。その後、アメリカへ留学した時、このテーマで論文を発表している。

八月二二日。東大病院に入院していた仲の症状を深刻に受け止めていた都築は、東京陸軍軍医学校校長の井深《いぶか》健次中将のもとを訪れ、アメリカに留学中の放射線の実験データを根拠として、広島・長崎での放射線の影響を徹底的に調査研究すべきであると主張した。[48]

仲は、入院からわずか八日後に死亡した。遺体を病理解剖したところ、内臓に著しい変化があり、かつての研究でウサギに起きた結果と、仲の症状が同じであることに驚かされた。そして原爆による放射線が仲の全身に浴びせられていることを確信し、都築は世界で初めて、死因を「原子爆弾症」と記した。

息子の正和さんは、仲を診断した時の父の話を鮮明に覚えていた。

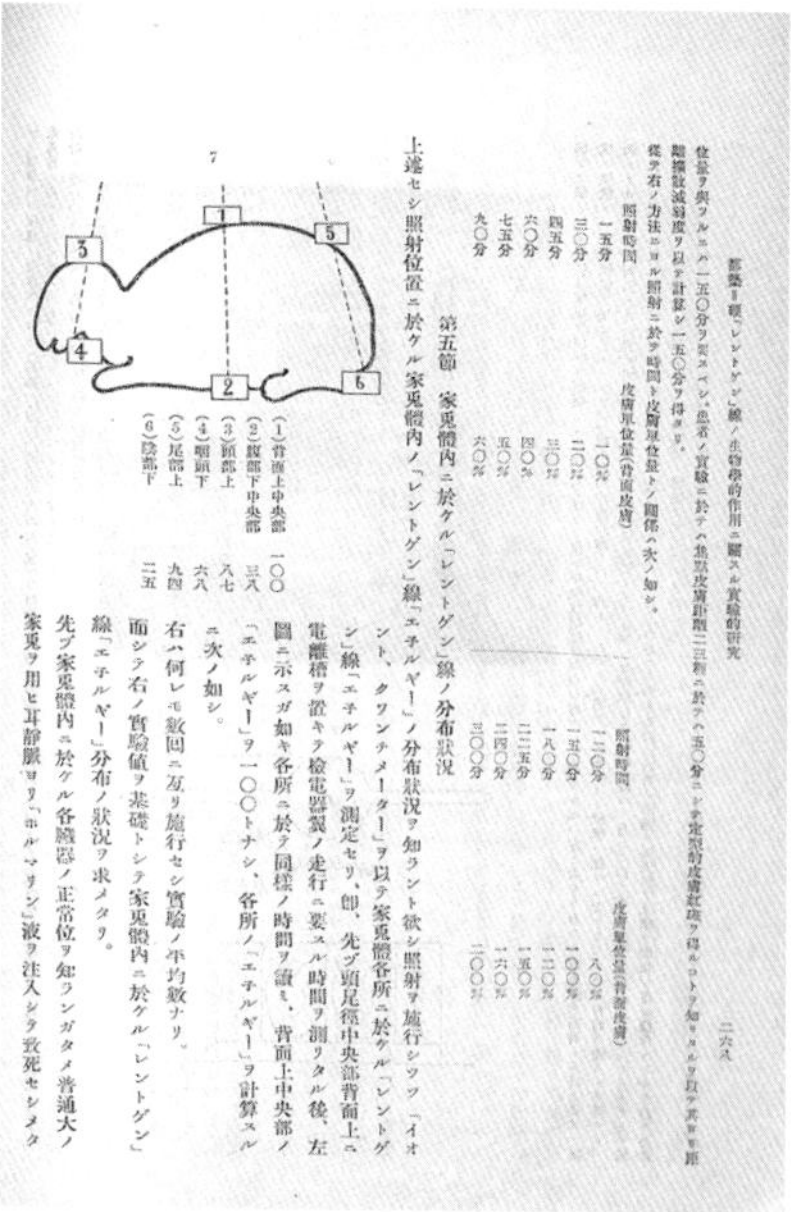
都築：硬「レントゲン」線ノ生物學的作用ニ關スル實驗的研究　二六八

位量ヲ與フルニハ一五〇分ヲ要スベシ。患者ノ實驗ニ於テハ焦點皮膚距離二三糎ニ於テハ五〇分ニシテ定型的皮膚紅斑ヲ得ルコトヲ知リヲルヲ以テ其ヲ距離擴散減弱度ヲ以テ計算シ一五〇分ヲ得タリ。

從テ右ノ方法ニヨル照射ニ於テ時間ト皮膚單位量トノ關係ハ次ノ如シ。

照射時間	皮膚單位量(背面皮膚)	照射時間	皮膚單位量(背面皮膚)
一五分	一〇%	一二〇分	八〇%
三〇分	二〇%	一五〇分	一〇〇%
四五分	三〇%	一八〇分	一二〇%
六〇分	四〇%	二二五分	一五〇%
七五分	五〇%	二四〇分	一六〇%
九〇分	六〇%	三〇〇分	二〇〇%

第五節　家兎體內ニ於ケル「レントゲン」線ノ分布狀況

上述セシ照射位置ニ於ケル家兎體內ノ「レントゲン」線「エネルギー」ノ分布狀況ヲ知ラント欲シ照射ヲ施行シツツ「イオント、クワンチメーター」ヲ以テ家兎體各所ニ於ケル「レントゲン」線「エネルギー」ヲ測定セリ、卽、先ヅ頭尾徑中央部背面上ニ電離槽ヲ置キテ檢電器翼ノ走行ニ要スル時間ヲ測リタル後、左圖ニ示スガ如キ各所ニ於テ同樣ノ時間ヲ讀ミ、背面上中央部ノ「エネルギー」ヲ一〇〇トナシ、各所ノ「エネルギー」ヲ計算スルニ次ノ如シ。

(1)背面上中央部　一〇〇
(2)腹部下中央部　三八
(3)頭部上　八七
(4)咽頭下　六八
(5)尾部上　九四
(6)陰部下　二五

右ハ何レモ數回ニ亙リ施行セシ實驗ノ平均數ナリ。

而シテ右ノ實驗値ヲ基礎トシテ家兎體內ニ於ケル「レントゲン」線「エネルギー」分布ノ狀況ヲ求メタリ。

先ヅ家兎體內ニ於ケル各臟器ノ正常位ヲ知ランガタメ普通大ノ家兎ヲ用ヒ耳靜脈ヨリ「ホルマリン」液ヲ注入シテ致死セシメタ

都築正男「硬「レントゲン」線ノ生物学的作用ニ関スル実験的研究」（『日本外科科学雑誌／第27回第1号』、大正15年)

「原爆投下前、アメリカの放射線の専門医から、そんなに大量の生物に照射することはありえないわけだから、お前の研究は放射線医学にとって意味がない研究であると言われたそうです。ただ、原爆が現実のものとなったので、放射線の生物に対する影響がどういうものか、さらに研究しなければいけないということを直接聞きました」

八月二九日、都築は東京大学医学部、陸軍軍医学校、そして理化学研究所の合同調査団の一員として広島を調査した。そこで想像以上にひどい、放射線による人体への影響を目の当たりにする。都築は多くの被爆者を診断する中で、残留放射線の影響と思われる症状に苦しむ患者がいることに気づき、広島の中国新聞で警鐘を鳴らしている。[49]

> 爆発の当日、広島の土地におらず、その後やって来た人で数日間勤労作業などに従事した人の健康状態については軍の方の調査では健康の兵士にはなんらの異常を認めないが。一般の人の中には相当の症状を呈し、また死亡した人もある。爆発後数日間内に爆心から半径五百メートル以内の土地で働いたものには、ある程度の傷害が与えられているものと考えてよかろう、かかる人は現在なんらの症状がなくとも、一度医師の健康診断を受けることが必要である。

この時、都築と共に被爆者の治療にあたった広島原爆病院の初代院長を務めた重藤《しげとう》文夫医師は、放射線医学の知識をもった都築正男の指摘に助けられたと語っている。[50]

> 治療をどうするか、組織を作っていくのには都築先生の指導が非常に役に立ちました

ね。やっぱり都築先生は海軍の軍医さんであり、東大の教授でしたからね。人を指導するのは上手でしたよ。敬服しましたね。

我々は対症的な治療だけしかできないのに、それに理論をちゃんとつけてね、これはこういうふうに分類すべし、こういう症状の時にはこういう薬を使え、こういう治療をせえというようなことを非常に早く教えてくださったですね。（中略）

私たちはそれまでは原爆症ということばは使わないで「骨折」だとか「火傷《やけど》」「熱傷」とかいうように、外傷でも「どこどこの皮膚の欠損症」とかいうふうにやったわけです。それをね、そういうことじゃなしに、原因が原子爆弾にあるんだから「原子爆弾症」として、それの一つひとつを熱傷とか外傷とか放射能症とかいうふうに分けていこうと。（中略）これが初めてだから、放射能の影響いうのがね。どうなるかいうのは皆分からないわけですよ。

日本の「原爆初動調査」

日本の原爆初動調査は、原爆を投下された翌日の八月七日に海軍の、八月八日に陸軍の調査団が広島に向かい、長崎には八月一三日に九州大学の調査団を送っている。

この時、長崎で残留放射線を測定したのが、九州大学で原子物理学を専門とする篠原健一教授（第2章参照）だった。当時の日本の機材では、残留放射線を測定するのに困難な状況にあったと語っている。[51]

現地に測定器を持っていって測りたいところなんですけれども、そのとき持っていったガイガーミュラー計数管は電灯線につないで電力をとらなくては働かない装置だったものですから、その土を要塞指令部にお世話してくださった宿まで持って帰りまして、宿の電灯線をガイガーミュラー計数管の装置に接続して測定しようとしたわけです。
ご承知のようにあの時分は停電に非常に弱い。それから（電気が）きても電圧が非常に低かったときですから、ガイガーミュラー計数管が働いてくれない。夕方から晩にかけて何度もやったんですが、とうとう測ることができなかった。翌日、だいたい諦めていたんですが、「まあ、もう一回やってみよう」ということで、朝起きて、ガイガーミュラー計数管のスイッチを入れてみましたところ、偶然働きまして、放射能の測定ができたわけです。非常に弱い放射能しか私たちは測定できませんでした。というよりは、そういうふうに一握りとってきたものでは、その中に入っている放射性の物質がそんなに多くないから、計数管で感じるのも非常に弱かった。（中略）
おそらく、測定器を地面のところへ持っていって、地面のあらゆる方向から来ている放射線を測定するというふうなかっこうにすれば、もっとずっと強い放射線を感じたんじゃないかと思うんですけれども。（中略）（調査した）三人で（ガイガーミュラー計数管の）スイッチを入れて、確か放電の音を増幅して耳で聞いたような気がするんですが、それでストップウォッチで数えたような、非常に原始的なものですけれども、三人で「ああ、やっぱりあった」というふうに顔を見合わせたことは覚えております。

長崎で篠原教授と一緒に調査を行った石川数雄医師は、残留放射線の報道が、大衆をパニックに陥れるのではないかと危惧していた。[52]

アメリカの方から伝えられた、「七〇年、生物の生存を許さない」という、その恐るべき原爆の威力をある意味で誇大されて、日本に宣伝というかPRされて、そのことに多くの方々が恐れおののいて、当然多くの死体の片付けも十分できないような不安な気持ちであったのを（覚えています）。

その前に二～三日、篠原教授とふたりで（残留放射線を）測っていて、この程度であればちっとも心配いらない。放射能というのは時間とともに強く減弱していくんです。

（中略）それで、せっかく測った以上はその結果を知事に早く報告して、片付けを進めたらどうかということで、何日目か記憶しておりませんが、県知事に直接申し上げたことを記憶しています。

石川医師と同じく、大衆のパニックを恐れていたのが陸軍だった。

陸軍が最初に残留放射線について調べたのは、八月一四日。[53] 東京陸軍軍医学校校長、井深中将の命令で広島に向かった御《み》園生《そのう》圭輔少佐を団長格とする「第二次調査班」だった。この「第二次調査班」は、最初に広島を調査していた「第一次調査班」から、現場では外傷や熱傷に対応していた時期がすぎ、脱毛や白血球減少といった放射線による影響が全面に出てきたので、放射線測定のために物理の人がほしいとの連絡をうけて結成された班だった。

陸軍の第二次調査班によってまとめられた原爆報告書「広島戦災（放射能に関する）調査報告」[54]では、残留放射線について「現在（八月一五日）爆心地付近においては若干の放射能の増加を認め得るも人体に障害を与える程度にはあらざるもののごとし」と記された。そして「対策」と書かれた項目では「爆心地に先《ま》ず人体に有害なる程度に放射能全面的に存するとは思考せされさるにより人心安定を策する要あり」と記され、有害な残留放射線は存在しないとすることで、パニックを防ぎ、人心の安定をはかろうとしていた。

広島での残留放射線調査 ＝撮影／林重男、
提供／広島平和記念資料館

この陸軍の原爆報告書は、アメリカ軍に提出されすぐに英訳された。そして九日、「マンハッタン管区調査団」の団長、ファレル准将はグローブス少将へ「トップシークレット」として報告を送った。[55]

我々はいま、広島で研究している日本人の医学的・科学的調査団による公式の報告書の翻訳予備原稿を読み終わった所である。

（中略）

（残留放射線を計測する）ローリッツェン検電器の調査では、爆発から一一日後には爆心近くのどの地点でも、許容量以下の値しか示さなかった。金属と骨からいくらかの放射線が検出されたことは、爆発時に中性子が放出されていた事実を日本人に示し

た。日本人は、現在では地上に危険な放射能はないと結論づけている。（中略）
日本人の報告は、白血病ではなく白血球減少症を伴う死亡が依然続いていることを述べている。そうした死亡者の規模について報告書は述べていない。（原爆調査団に所属する科学者の）ジェームズ・ノーラン大尉とモリソン博士は、この報告を、死亡は爆発からの即時のガンマ線によるもので、地面に堆積した放射能に起因するものではないと解釈している。

この日本の陸軍の報告書は、残留放射線の影響はないと主張するグローブス少将にとって都合のいいものだった。九月一一日、アメリカのトリニティ核実験場で開いた記者会見で、グローブス少将は「日本の情報筋も、原爆が広島を粉々に破壊した一一日後には、放射線は許容線量よりはるかに少なかったことを認めている」[56]と説明し、残留放射線がないと主張するのは、アメリカだけではないと強調した。

日本側からみた「マンハッタン管区調査団」

九月八日、都築正男教授は、アメリカのファレル准将が率いる原爆調査団「マンハッタン管区調査団」と共に、広島に入った。

都築教授とウォレン大佐 = Warren Papers Collection, University of California, Los Angeles

都築はアメリカ留学の経験から英語が堪能で、放射線の人体への影響にも詳しいことから、「マンハッタン管区調査団」に同行するよう命令を受けていたのだ。班長であったスタッフォード・ウォレン大佐らを案内する都築の写真が残されている。

調査に同行した東京帝国大学の本橋均医師が、その時の様子を手記に残している。[57]

彼（スタッフォード・ウォレン）は、宇《う》品《じな》病院に一歩ふみいれるや一人一人について、その臨床症状の特徴（脱毛）に注目しながら、“How far from the center!（爆心地からどのくらいの距離にいたのか）”をくりかえして行く。私達は理研の人から（陸軍の）御園生を介して爆心地を護国神社南方三〇〇m、高度五五〇mと理解していたので、これらの人々の被爆地点を地図の上にプロットしながら、その症状をおうことにしたのは、Warrenのこの質問にヒントを得た結果である。

被爆者の診療記録に爆心地からどのくらいの距離で被爆したのかを記載するようになったのは、ウォレン大佐の質問をヒントにしたと本橋は語っている。

九月九日、「マンハッタン管区調査団」は広島の爆心地で残留放射線を測定した後、広島赤十字病院などを訪れた。

そこで都築は、多くの市民が不安に思っていた「原子爆弾の毒素が今後七五年影響力を持つ」と報道されたことについて質問した。それに対し、ファレル准将は「七五年なんてとんでもないことだ。あの爆弾は翌日あるいは二〜三日後から影響ないはずである」と答えた。[58]

さらに、都築は質問を続けた。

「あの原子爆弾には何か毒ガスに類したものが装置されてはいなかったか。爆発当時の模様を聞くと、白いガス様なものが中心地域にただよっていたという」

残留放射線がなければ、なぜ人々は苦しみ続けるのか。都築は「毒ガス」という言葉を使いアメリカの見解を聞いたのだ。新聞では「のちほど明らかにする」とファレルから回答があったと報じられたが、ファレルは即座に否定したと、翌一〇日にグローブス少将へ報告している。[59]

東京帝国大学の放射線学者である都築博士より、爆弾の爆発時に毒ガスが放出されたという可能性はないのかという質問が出された。この話を直ちに叩きのめすために、私は都築博士に毒ガスは放出されていないというのが（アメリカ軍の）公式見解だと伝えた。

その後、都築は、ワシントンの総合参謀本部と交渉する中でも「毒ガス」という表現を絶対に使ってはいけないと注意を受けた。理由を尋ねたところ、次のように回答されていた。

（私が作った表に）「原子爆弾毒ガス傷（?・）」というの（言葉）があります。これは私その当時非常に疑わしかったので、疑問符をつけて置いて、毒ガス傷とやったんですが、それでアメリカに叱られまして、毒ガスなんて言葉は絶対に使ってはいけないんてんで、ワシントンの総合参謀本部となんべん交渉があったか知れませんが、結局そういう言葉を使っちゃい（か）んからやめろと。（中略）

毒ガスという言葉を使うとアメリカが国際法を違反をしたと考えられる、毒ガスというものは使ってはいけないと、細菌兵器も使ってはいけないという事が国際法に明記してある。アメリカは国際法に従って戦争をしているのである、従って1人も戦犯はいないはずであると。こういう事をいっている時に、毒ガス（という言葉に）は疑問符がついているのではありますが、毒ガス傷という言葉を出すという事はいろいろ誤解を起すからどうしてもこれはやめてくれ、とこういう訳であります。[60]

「原爆」は国際法に違反した兵器ではないと国内外へ強調したいアメリカ軍にとって「毒ガス」という言葉で原爆の影響を語ることは絶対に許されなかったのだ。

「政治が先か、人道が先か」

九月一九日、日本を占領した連合国軍は、新聞およびラジオへの検閲を行うことを発表。原爆の被害を覆い隠していく。それでも都築正男をはじめとした医師や研究者は、残留放射線の調査・研究を続けた。

一一月三〇日、ＧＨＱ（連合国軍最高司令官総司令部）の監視のもと、広島・長崎を調査した科学者や研究者が初めて一堂に会し、極秘の「原子爆弾災害調査研究特別委員会」が開かれた。その生々しい速記録が残されている。[61]
まず報告を行ったのは、戦争中、国産の原爆開発を行っていた仁科芳雄博士。爆心地から離れた地区で、残留放射線を測定した事実を発表した。

　特別の地区の放射能が強くなっている所がありますので、爆発の中心と、それからもう1つは原子爆弾が爆発して原子核の分裂破片が飛散して放射能を示している訳でありますが、それが雨と一緒に落ちてきております。それが広島では中心から西の方三キロばかりはなれた、高須という所に落ちております。それから長崎では東の方二キロばかりの西山附近に落ちております。

そのあと都築が、残留放射線の人体への影響について報告を行った。

　爆撃後他の土地から応援に参りまして、数日間その建物の中に住んで作業に従事した人の一部に僅かではありますが、白血球の数が減りまして、幾らかこういうふうな放射能の障害を受けたのではあるまいかというものを掴まえたのであります。それは何しろ軽いので現在全部快復していられますが、その他いろいろの流言がありまして、死体の骨をいじくった者が血を吐いて死んだとか、毛が抜けて死んだとかいろいろありますが、それは随分念を入れて調べましたが、確実にそうであるという実例を今だに摑み得ないのであります」

調査で分かった事実に即して報告した都築。すると、日本人科学者たちの報告を聞いていたGHQの経済科学局科学課の幹部から、思わぬ言葉が出た。

日本人には原爆の研究、発表をゆるさぬ。[62]

都築はすぐに反論していた。

広島と長崎では、私が今ここで発言しているこの瞬間においても、多数の人が原爆症のためにつぎつぎと死亡しつつある。原爆症はまだ解明されていない新しい疾患で、その本体を究明しない事には、治療を行なう方法がない。たとい進駐軍の命令であっても、医学上の問題について研究発表を禁止することは人道上許しがたい。[63]

戦後、都築正男にインタビューした元広島大学教授の今堀誠二は、都築が反論した理由を語っていた。

問題は、政治が先か人道が先かということ。都築さんが憤慨されたのは、広島・長崎に何万という被爆者がいるんだと。毎日何人も死んでいっているんだと。その人々を助ける方法があり、研究もでき、発表もできるにもかかわらず、この人たちを見殺しにするとは何事かと。それによってついには追放されてしまった。結局は人道が政治に押し切られてしまった。[64]

広島市の公文書館には、連合国軍による検閲期間中、都築に送られてきた原爆に関する様々な医学論文が残されている。実は都築はＧＨＱの参謀本部と交渉を重ね、一九四六年、事前に医学論文の全文を英文に訳し、アメリカ側の条件を満たすと判断されれば、日本の学術論文の印刷公刊を可能としていた。[65]

しかしグローブス少将からは、厳しい条件をつけられていた。

日本人科学者が自身の調査結果を日本の雑誌に公表することについては何の異論もあ

りません。ただし（a）個々の件について戦域司令官の承認を得ること、（b）マンハッタン計画に関する技術情報であって「機密」以上の指定を受けているものを、日本人科学者に提供しないこと、（c）事実の解釈を変える論文でないことが条件です。[66]

この「事実の解釈を変える論文ではないこと」は、これまでのアメリカ軍の見解を覆すものにはならないよう念を押しているように受け取れる。優先されたのは、被爆地での事態の究明ではなく、アメリカ軍の公式見解だった。

そしてアメリカは一九四六年に「原子力法」を制定。ソ連との熾烈な核開発競争が始まる中、国に害をあたえる意図で原爆の情報を公表した場合、死刑か無期懲役に処すと定められ、核開発にマイナスのイメージをあたえる情報は公表できない環境が整えられた。[67]

こうした様々な制約の中、日本が占領されている間、都築ら科学者がまとめた「残留放射線」に関する報告や論文は、広く世間に公表されることはなかった。

科学より政治が重視された時代。都築正男の息子で医師の正和さんは、「残留放射線」の文献を読み、勉強を続けた父の姿を語った。

「父は、残留放射線の慢性障害というのが起こりうると、その詳細について突き止めていく、そういう研究をして、対処法を勉強しなければいけないということは言っていました」

都築正和さん

正和さんに「広島と長崎で、原爆の残留放射線はなかったというアメリカの見解をどのように思うか？」と尋ねてみた。

「医学に関係したものとして考えてみると、放射線の影響というのが絶対にゼロになっているとは誰も言えないと私は思います」

晩年も原爆症の第一人者として、被ばくの研究を続けた都築。日本でも「核の平和利用」が検討され始めたころ、都築は、次のような言葉を残している。

……こんご、原子力が動力としてわれらの日常生活に取入れられた暁には、われらの身心をば放射能の障害から守ることが必須のこととなるであろう。そのためには、放射能の障害、ことに微量の放射能、人工的にもつくりだしうる放射能の慢性状態をしる必要がある。（中略）

私はこんご機会をえたならば、さらに（原爆の）慢性障害症に関する調査資料を整理して、別の観点から、これらの資料をば人類の将来の幸福のために、より有効な形で編み直してみたいと考えている。このことがなしえられたならば、事件以来苦心して集め得た資料が、真に実を結ぶのときを迎えうることとなろう。[68]

第7章

核科学者・レベンソールの極秘資料

アメリカ空軍の極秘組織と密かに契約し、他国の核開発を監視していた謎の会社。そこに所属していた核科学者が、日本で残留放射線を調査した際の重要なデータを残していた。取材班は遺族から独自に入手した、知られざる資料と証言で秘密のベールを剝《は》ぐ。

核の秘密組織「AFOAT-1」

日本国内では連合国軍の占領下で約七年間、原爆に関する情報は特に厳しい検閲対象とされていた。この間、アメリカは何度も核実験を繰り返し、核戦略を推し進めた。一方、彼らは日本でも、原爆が人体にどのような影響を与えているのか、調査を続けていた。

始まりは一九四六年。原爆による放射線の医学的・生物学的晩発影響を長期にわたり調査するため、アメリカはABCC（原爆傷害調査委員会）を設立。一九四七年三月に、広島にABCCが開設され、翌年、長崎でも活動を開始した。

しかし「残留放射線」に関して、どのような調査研究が行われていたのか。表に出てくる文書はわずかで、その実態はいまだに謎とされている部分が多い。

私たちはこの手がかりとなる情報を、二〇二一年二月に開かれた「第一種健康診断特例区域等の検証に関する検討会（黒い雨検討委員会）」の委員が、政府に開示を求めた資料の中に見つけた。

それは奈良大学の高橋博子教授が注目した、ある二人の調査員の名前だった。一九五〇年三月二九日付けで、ＡＢＣＣのカール・テスマー初代所長が、アメリカの科学アカデミーの科学者宛てに送った書簡に書かれていた名前だ。

私が電話で漠然とした形で話したように、広島の残留放射線について大まかな調査を行った測定研究所の二人の紳士、メンカー氏とレベンソール氏が訪ねてきました。（中略）重要な点は、彼らは集められる雨樋や泥の堆積、その他気象学的データで示された地域で、広島や長崎中のサンプルを得てきたことです。[69]

残留放射線の調査を行った「測定研究所の二人の紳士」とは、いったい何者なのか。どのような理由で日本を訪ねたのか。

取材を始めたところ、二人の紳士のうちの一人「レベンソール」の娘が、カリフォルニア

マーグレット・レベンソールさん

州バークレーに住んでいるという情報を摑んだ。電話をすると、喜んで協力したいと取材に応じてくれた。

娘の名前は、マーグレット・レベンソール（六三歳）。マーグレットさんは、父、リオン・レベンソールの遺品を大切に保管していた。


実は、私たちが電話をかけた数週間前にたまたま父の残した書類を整理していたそうで、日本へ調査に行った際の書類も見つけ、「大事なものだから捨ててはいけない」と保存を決めたところだった。父の資料を家族以外に見せるのは初めてだという。

マーグレットさんは、生前、父がどんな仕事をしていたのかを一切知らなかった。父が亡くなった後、書斎に「極秘」のスタンプが押された書類をたくさん発見し、初めて機密情報を扱う仕事をしていたことを知ったという。

私たちはマーグレットさんに日本への調査のことを尋ねると「父の未刊の手記に、広島と長崎の残留放射線の調査の詳細が書かれていた」と言って、私たちに見せてくれた。そこには次のように書かれていた。

私は一九四九年にTracer Lab（トレイサーラボ）という会社に入社した。トレイサーラボは、様々なタイプの放射性物質の検知と調査分析のための核関連器具を製造していた。

トレイサーラボは空軍と契約していたが、そこには、Air Force Office of Atomic Energy 1（AFOAT‐1）と呼ばれる秘密組織が存在し、その目的は、他国（主にソ連／ロシア）による核兵器第一号の爆発を長期にわたりモニターすることであった。トレイサーラボは、そうした核爆発によって発生する放射性降下物を検知する複数のリモート・フィールド・ステーション（遠隔野外観測所）を設置する役割を担っていた。

原子爆弾が爆発した際には、核分裂性物質の多数の極めて小さな粒子が形成され、また、放射性物質の残留物がその粒子と結びつく。AFOAT‐1のミッションは、こうした粒子の物理学的、および放射化学的な分析から診断情報を手に入れることであった。

リオン・レベンソール＝Courtesy of the Atomic Heritage Foundation and the National Museum of Nuclear Science & History. All Rights Reserved

一九四九年、私と同僚は、二つの原子爆弾に由来する粒子のサンプルを見つけるために長崎と広島へ送られた。さらに、この出張にはもう一つ目的があった。それは、グアム、（アラスカの）フェアバンクス、横田空軍基地に設置した研究施設で、我々が訓練した人員が、放射性降下物検知の最初の部隊として能力を備えているかどうかを調査・査察することであった。

レベンソールが「トレイサーラボ」に入社した一九四九年、米ソの核開発競争は激しさを増していた。この年の八月二九日、ソ連はセミパラチンスク核実験場で、はじめての核実験を成功させる。アメリカ空軍の「ＡＦＯＡＴ－１」の技術者は、極秘裏に行われたソ連の核実験を、放射性物質を検知・分析することで把握し、国防長官へ伝えていた。[70]

各国で極秘に進められていた核兵器開発の情報を、核実験の際に放たれる放射性物質の分析から浮かびあがらせる「AFOAT‐1」は、すでに始まっていた核の時代において、ソ連を制し核開発で一歩でも先を行くための重要な役割を担っていた。そうした中、レベンソールは核爆発により放射性物質がどのように広がるか、少しでも多く情報を集め分析するため、広島と長崎へ調査に向かった。アメリカ軍にとって日本の被爆地は、核爆発による試料を集積できる絶好の場所となっていた。

「トレイサーラボ」の極秘任務

「トレイサーラボ」でレベンソールと働いていた人はいないだろうか。マーグレットさんに尋ねたところ、核科学者のロドニー・メルガードさん（八五歳）を紹介してくれた。

ロドニーさんは、レベンソールの部下として長く一緒に働き、その後、核兵器による放射性物質の調査分析を請け負う会社の研究所所長を務めていた。

ロドニーさんに、レベンソールはどんな人物だったのかを尋ねたところ「とても頭の良い上司で、人の得意分野・不得意分野を把握するのがとても上手な人だった」と話した。そして、レベンソールの資料には書かれていなかった「トレイサーラボ」という組織の詳細を教

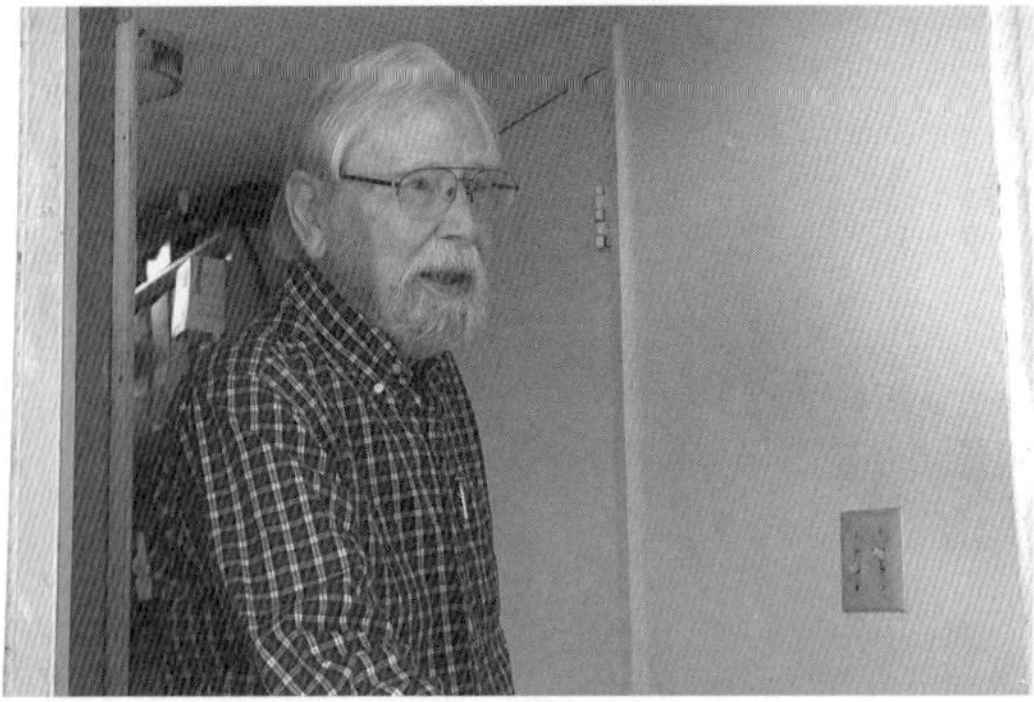

ロドニー・メルガードさん

えてくれた。

　ロドニーさんによると「トレイサーラボ」は、一九四八年に、国の政策で空白部分となっていた「核兵器をどこに、どのくらい速やかに移動させることができるのか」「誰が核兵器を扱うべきか」など、秘密裏に行われるアメリカ政府の決定を補助する役割を担うため、原子力エネルギーの知識を持つひと握りの人たちによって設立された会社だという。

　ロドニーさんが働いていた時の従業員は数百人いて、そのうち六人ほどが「放射性トレーサー」と呼ばれる、一マイクログラムの物質を追跡する装置を使った仕事をしていた。しかし機密扱いではない機器を使ったその仕事は、あくまで隠れ蓑だ。収入の九五パーセントは機密扱いの仕事で、アメリカ原子力委員会や国防省から依頼されていた。

　機密扱いの仕事は、他国の核兵器の能力を監視することで、核実験のサンプルを採取する仕事も請け負っていた。トレイサーラボが関与すること自体が秘密で、政府もトレイサーラボのことを秘密にしていた。

トレイサーラボと契約していた空軍には、世界中の核実験の大気試料を採取する高度なメカニズムがあった。例えばソ連で核実験が行われた場合、空気フィルターを搭載した空軍の航空機が核実験場の風下に限りなく近づき試料を採取。試料は、すぐにトレイサーラボの研究所に持ち込まれ、分析にかけられた。トレイサーラボは、核実験による地震、音響、放射性物質などを探知・分析することで、爆発を起こした核爆弾の大きさ・構成材料・核威力などをほぼ再現できたという。

トレイサーラボの社屋＝マーグレット・レベンソールさん提供

　興味深いことに、トレイサーラボは「マンハッタン計画」でグロープス少将の作り上げた体制を真似していたという。グローブス少将の作り上げた体制下では、自分の担当する仕事に関する知識さえ持っていれば、他人の仕事について一切知る必要はなかった。組織のトップ数人だけが、進行中のプロジェクトの全容を把握していた。トレイサーラボで働く職員も、自分の仕事については精通していたが、全体像の中でどのように貢献しているかは一切知らされることはなかった。

ロドニーさんに「広島・長崎で残留放射線は存在したと思いますか？」と尋ねると、「もちろん、存在したと思います」と答えた。

「原爆を開発した科学者たちは正確に把握していました。爆発直後、放射性物質の九〇パーセントは空気中にあり、小さな粒子が風にのって浮遊していたはずです。風下であれば、数キロ離れた場所でも、命を脅かすような放射線の影響があったでしょう。私の認識では、核爆発によって残留放射線が発生することは、原爆開発に取り組み始めた時から認識されていました」

ではグローブス少将が一九四五年一一月の「上院原子力特別委員会」で、残留放射線は「皆無」だと発言したことをどう思うのか。それを伝えると、驚いた顔で私たちの持っていた資料を確認して「信じられない」とつぶやいたあと、こう答えた。

「その発言は、科学的に正しくはありません。ただ、科学には政治的な側面がある。残留放

ロドニー・メルガードさん

射線は、非常に深刻な話だ」

レベンソールは「西山地区」を調査していた

一九四九年、長崎に着いたレベンソールは、すぐに原爆による放射性物質を探し始める。手記には、調査が順調に進んだことが書かれている。

我々は原爆で発生した古い放射性降下物を探し始めたが、それはとてもうまくいった。ジープの運転手は、西山地区へ連れて行ってくれた。私はお礼にタバコを一本渡した。それからジープは西山地区にある農場へ向かった。農家の妻、ナカオ夫人は、倉庫から畑仕事のときに頭に被っていた綿の手拭《てぬぐ》い（頬被《ほおかぶ》り）を持ってきてくれた。彼女は、原爆の後にやってきた泥の雨がこの手拭いの上に降った、と語った。屋根の樋をガイガーカウンターで調べると、堆積した沈殿物は高い放射線値を示した。その後、私は貯水池からサンプルを収集することにした。薬局へ行き、身振り手振りで、瓶と栓をするコルクを手に入れた。そして貯水池のサンプルを取った。

その夜、ナカオ夫人の頬被りをX線フィルムで両側からはさんだ。全ての作業をクローゼットの中の暗闇で行った。横田基地のラボで、そのフィルムを現像すると、お馴染《なじ》みの放射性物質粒子による斑点が見られた。

レベンソールの資料の中に、白黒の写真が残されていた。その一枚に農家の女性を映したものがあった。私たちはまさかと思いながら、西山地区で取材していた中尾恒久さん（第2章参照）に写真を見てもらったところ、「これはうちの母親でしょうね」と驚きの回答が返ってきた。レベンソールの回想録で語られていたナカオ夫人というのは、恒久さんの母親のタカだったのだ。しかし、中尾さんの家族に、レベンソールがどのような目的で西山地区を訪ねているのかや、残留放射線の危険性などについて知らされることはなかった。

さらにレベンソールは、原爆当日の西山地区はどのような様子だったのか、現地住民や気象観測員から聞き取り、報告書[71]にまとめていた。

レベンソールの資料にあった「ナカオ夫人」、中尾タカの写真

原爆の投下された日は、秒速三メートルの南西の風が海から吹き、気温は平均二九度だった。爆心地の北東にある浦上地区ならびに西山地区と本山地区で原爆投下の約一時間半後に降雨があった。

西山地区に降った雨は赤みがかった黒色で、異物が混じった大粒の雨だったと言われている。排水溝が詰まるほどの濃い雨だった。貯水池の水には苦みがあり、一週間飲めなかった。（中略）浦上地区の北端や長崎医科大学でも、雨粒の大きな赤みがかった黒い雨が見られた。

レベンソールの手記には、西山地区で採取した土をアメリカに持ち帰り、人体への影響の手がかりとなる放射性物質の「核種《かくしゅ》」もつきとめたと書かれていた。

「核種」とは、原子核の種類のことで、陽子と中性子の数によって、放射性物質の種類を特定できる。

我々は、バークレーに戻ってその土を分析したところ、セリウム144（セリウムの放射性同位体。半減期は約二八四日）とルテニウム103（ルテニウムの放射性同位体。半減期三九・二六日）が見られた。これにより、このサンプルは最初のプルトニウム原爆によるものと確認された。

秘された「核種」データ　当時公表されていれば……

レベンソールが残した資料は何を意味するのか。二人の専門家にこの資料を見てもらうことにした。

一人は、放射線物理学が専門の広島大学・星正治《まさはる》名誉教授。原爆だけでなく、旧ソ連の核実験が行われたセミパラチンスクや、チョルノービリ原発事故における住民への放射線影響について長年研究を続けてきた。

また、ビキニ環礁でアメリカの水爆実験が行われた時、周辺海域を通ったマグロ漁船や貨物船の乗組員の歯や血液から放射線の痕跡を探し、解析。第五福竜丸以外の日本船の乗組員

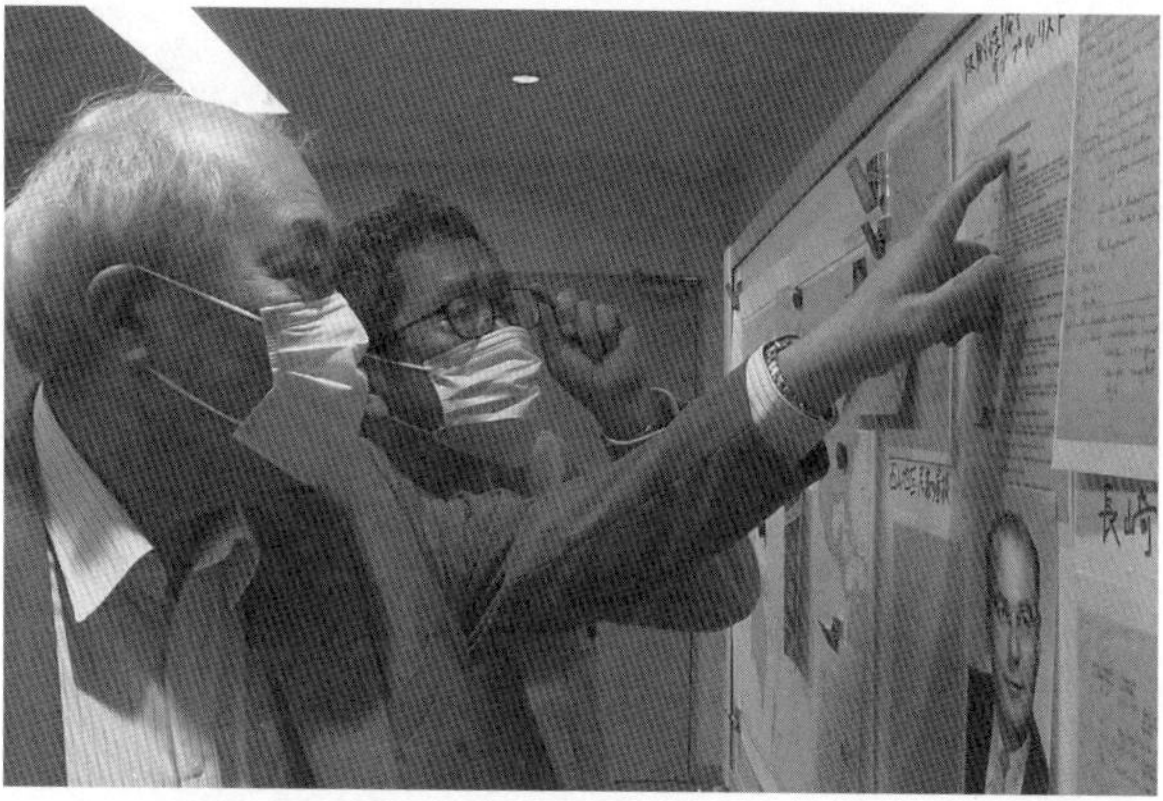

資料を分析する星正治・名誉教授（左）と大瀧慈・名誉教授

が被ばくしていたという事実を初めて科学的に裏付けた。

もう一人は、統計学で被ばくと病気の関係を明らかにしてきた広島大学・大瀧慈《おおたきめぐ》名誉教授。広島の原爆投下直後に降ったいわゆる「黒い雨」の雨域や内部被ばくの問題について長年研究。二〇〇八年に広島県と広島市が行った黒い雨をめぐる調査を解析し、国が援護対象とする大雨地域の〝六倍程度に及ぶ広さ〟で「黒い雨」が降った可能性があると推定した人物である。

星名誉教授は、レベンソールがセリウム１４４やルテニウム１０３といった「核種」を西山地区で測定し分析している資料を見て、こう語り始めた。

「こういう測定ができるというのは、ものすごい量の放射能があります。このルテニウム１０３とセリ

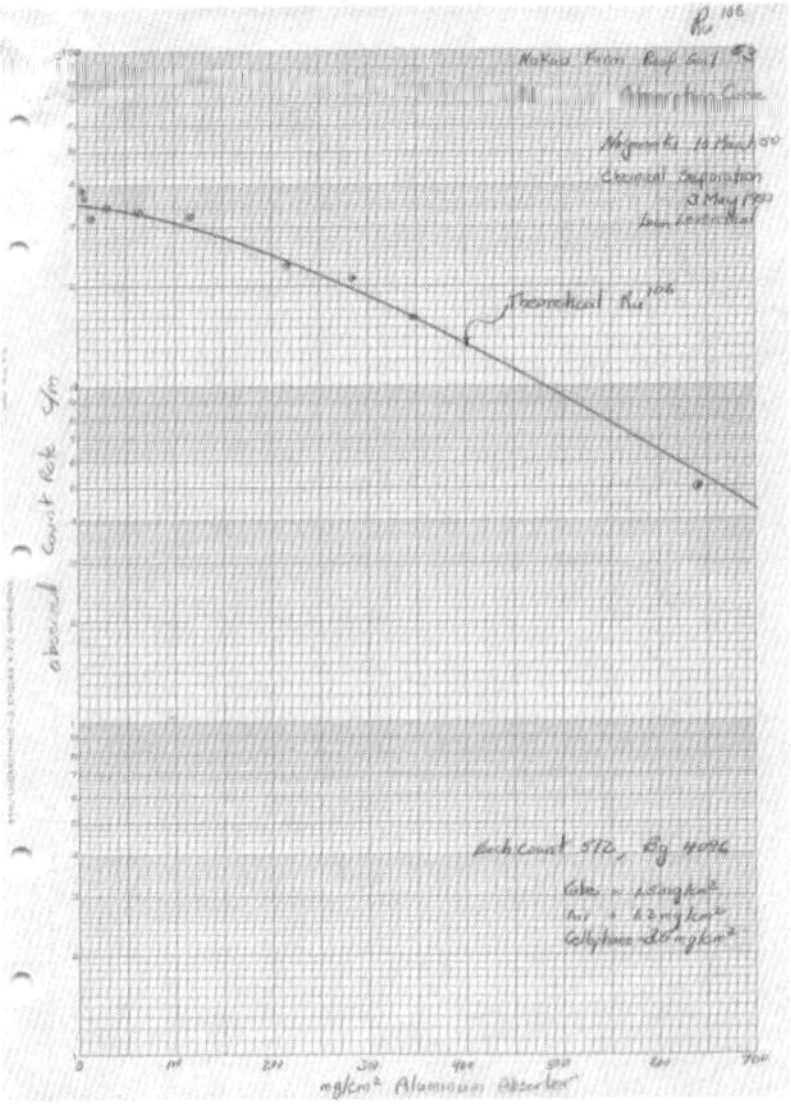
レベンソールによる西山地区の核種分析資料

ウム144はよく核実験のあとに見つかる核種です。特に、放射線の人体への影響を考える場合は核種を同定（原子核の原子番号に加えて、質量数（陽子と中性子の合計数）を確定）することが必要となります。例えば、（核種が）プルトニウムやストロンチウムだったら骨に影響を与えるとか、セシウムだったら筋肉に影響を与えるとか、放射能を構成する核種が分かることで、体のどこに影響を及ぼすかが分かるんです」

日本が核種を分析し始めたのは原爆投下から九年後の一九五四年。アメリカの水爆実験により放射性物質、いわゆる死の灰を浴びた第五福竜丸の乗組員が死亡し、核実験による残留放射線の影響が世の中で広く問題視された時だった。星名誉教授は自身の経験も踏まえて、次のように語った。

「第五福竜丸の頃になると、核実験によって放出された放射性物質のサンプルを持ち帰ってベータ線を測ってエネルギーを測るんですが、大変な実験です。これまで私が知りうる中で広島・長崎の核種を同定した話はないと思う。広島・長崎のデータを見たのは初めてです」


今回発見したレベンソールの資料では、日本の科学者が第五福竜丸で核種を分析したおよそ五年も前に、人体への影響を知る鍵となる放射性物質の核種の分析を行っていた。もし当時、核種の情報が日本に伝えられていたら、西山地区の原因不明の死や体調不良を訴える住民のための研究が進んでいた可能性があったかもしれない。大瀧名誉教授は、こうした事実が日本の医師や科学者に伝えられてこなかったことに怒りをあらわにした。

「アメリカは、残留放射線の人体への影響はそんなに大きくないという公式見解を発表してきました。一方で、こうした調査を一九四九〜一九五〇年に行っているということは、様々なことが内部では考えられていたと思わせられる内容です。

なぜ、いままでこの調査が隠されてきたのか。公的な報告がなされてきていなかったのか、それこそ問題があると思うんです。このデータに関するさらなる調査や研究が行われていないとは考えにくいです」

レベンソールが見たものとは

一九五〇年、日本の被爆地に残る放射性物質の採取と分析を終えたレベンソールは、アメリカに帰国し、国の原子力委員会で調査報告[72]を行った。

> 原子力委員会の施設で行われた、放射性微粒子プログラムに関連した会議に、スタッフォード・ウォレン博士、K・ラーソン氏と一緒に出席しました。私とメンカー博士が日本で実施した調査について議論され、長崎と広島で低レベルの放射能が広範囲にわたって残存している証拠が得られたことに多くの関心が寄せられました。（中略）
>
> 継続している問題として、被ばく地域の肥料に現地住民のし尿が用いられるため、除去された放射性物質がその地域に戻されるだけでなく、放射能に汚染されていない地域にも散布されることがあります。放射能の有無を測定するためには、土壌のコアサンプリングと長期計測を実施し、優れた低バックグラウンド検出装置を用いた土壌調査を行う必要があります。

アメリカは、日本が独立を回復したあとも残留放射線の研究を継続していた。しかし、その成果は、被爆者に伝えられることはなかった。

実は、レベンソールは日本の調査で採取した土を持ち帰り、自宅で保管し続けていた。娘のマーグレットさんは、父が亡くなった後「radioactive」と書かれた土のサンプルをみつけたが、いまだに放射線の影響があるのではないかと恐くなり、核科学者のロドニーさんのもとに預けた。

ロドニーさんは、このサンプルを現在勤めている研究所で保管していたが、取材するわずか数か月前、研究所が火事になり土のサンプルも全て焼けてしまったと話した。この土があれば最新技術の分析で七六年前の残留放射線の実態に迫れる可能性もあっただけに、非常に悔しい結末だった。

今回、私たちが発見した未刊の手記を残したレベンソール。彼は被爆地での調査をこう結んでいた。


広島と長崎で私は、甚大な被害を受けた広大な地域を歩いてまわり、そして、被害者たちに会った。ある日紹介された長崎の男性は、もと放射線医師で、放射線被ばくが原因で白血病になり、死期を迎えようとしていた。

他にも、三菱製鉄所の工場建屋が原爆で真っ平らに潰れていたこと、刑務所の厚さ三ァイートの壁が、原爆で倒れた後も、囚人たちを下敷きにして捕らえ続けていたことを印象的に覚えている。

どちらも何もなくなってしまった爆心地に近いところにあった。かつて人々が住み、生活を営んでいた丘の斜面は、原爆ですべてが剝ぎ取られ何もなくなっていた。

この調査の後、私は、原子爆弾を使用しようとするあらゆる考えに反対の立場をとるようになった。

第8章
相次いだ「原因不明の死」

長崎への原爆投下後、アメリカ軍が残留放射線の調査を念入りに行っていた西山地区、そして他の地区でも「原因不明の死」が相次いでいた。発掘した当時の健康調査の資料には、住民に高い割合で白血球の異常値が見つかっていた事実が。「原因不明の死」を追う。

住民に生じ始めた異変

私たちはまた、西山地区を歩き続けていた。取材に行き詰まると、よく貯水池の周りを散策した。池の景色を眺めると気分転換できるような気がしていた。

とりわけ豊かな表情を見せるのが、池の東にあたる木場町《こばまち》側のほとり。初夏には、シロツメクサが咲き乱れ、チョウが舞う。池に流れ込む小川の水は澄み、初夏の夜に、ホタルがまばゆい光を見せる。時折、小魚の群れが行き交う姿も見られた。

「コイとかフナとか、いっぱいおって、釣りに来よったです」

よく貯水池の周りを散歩するという中尾恒久さんが、子どもの頃の思い出を話してくれた。

長崎市の「西山地区」

「あの頃は、本当に楽しかった。体は、元気そのものでした」

恒久さんは残留放射線について何も知らされることなく、西山地区で少年時代を過ごしていた。レベンソールが報告書をまとめて五年ほどたった頃、恒久さんの体に異変が生じる。

「初めは汗が出て、もう、だるかったとですよね」

甲状腺機能低下症を発症したのだ。

そのころ、姉の妙子さんもまた、同じ甲状腺の病に苦しむようになっていた。近隣に暮らす八十代の男性も「原因不明の鼻血に苦しんだ」と証言するなど、体調不良に直面する住民が相次いでいた。

西山地区に降った雨について話を聞かせてくれた松尾義高さんが、それまで元気だった十代の女性が突然亡くなったと教えてくれた。

「走るのが速い子でした。ほかの地域の大会に呼ばれるくらい」

資料をたどると、この女性に関しての証言[73]が残されていた。

一番元気だった下の妹が中学校に通うようになって三年生のころ、体育大会で選手になり、走り終ったあとひどい高熱と頭痛におそわれました。病院に連れて行ったところ、直ちに入院ということで入院しましたが、四日目に亡くなってしまいました。

証言していたのは、私たちの取材に協力してくれた松尾利之さん（第2章参照）の母・チヨだった。妹の節子を亡くしていた。ただ、利之さんも詳しいいきさつを聞いたことはないという。

白血病で亡くなった住民を追って

住民たちに何が起きていたのか。私たちは、再び資料を読みあさった。

すると、アメリカの調査に協力していた九州帝国大学や長崎大学が戦後、西山地区の住民について複数の報告書をまとめていたことがわかった。原爆投下後に白血球の増加が相次いだ西山地区に着目し、症例や死因の分析を試みようとした形跡がうかがえる。

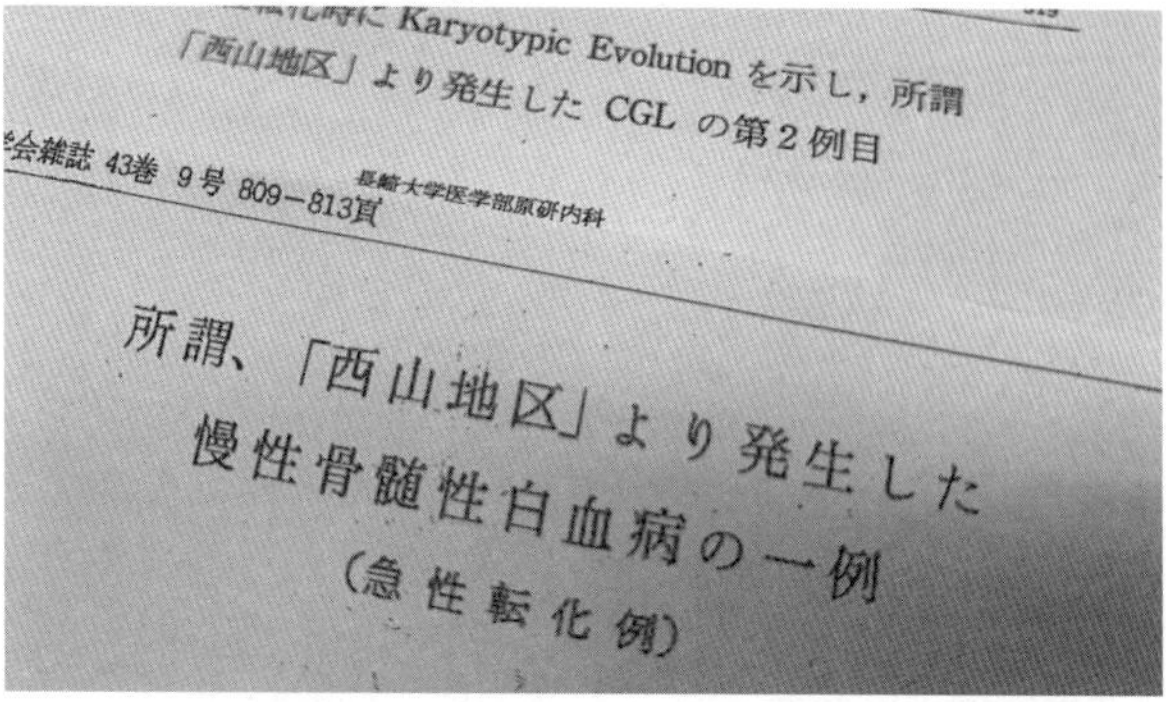
…化時に Karyotypic Evolution を示し，所謂
「西山地区」より発生した CGL の第2例目
…会雑誌 43巻 9号 809−813頁
長崎大学医学部原研内科

所謂、「西山地区」より発生した
慢性骨髄性白血病の一例
（急性転化例）

放射線医学の第一人者・鎌田名誉教授（第2章・第5章参照）は、中でも、白血病が二例確認されていることに着目している。

「慢性骨髄性白血病が二人出た。割合が非常に高い、西山地区は数百名の村落ですから、非常に高いんです」

鎌田名誉教授は、慢性骨髄性白血病が発症するのは、当時一〇万人に〇・五人〜一人と言われる中、西山地区で二人が発症しているのは頻度が非常に高く、残留放射線の影響について検証すべきだと指摘した。


報告書をたどると、二例の白血病のうち一人が一九六七年に、もう一人が一九七七年に亡くなっていた。二人の身に何が起きていたのか。私たちは、遺族への取材を試みることにした。

報告書によれば、一人目の事例は一歳の時に西山地区で放射性降下物を浴びた女性で、一七歳で白血病を発症、二三歳で命を落としているとわかる。

だが、西山四丁目で聞き込みをしても、なかなか手がかりはつかめなかった。

そこで、木場町方面にも足を延ばしてみることにした。松尾利之さんが、木場町の自治会長を紹介してくれた。なんでも、猪狩りの名人だとか。

貯水池を東へ向かう。木場町に入ると、さらに急峻な道が続く。

車を止めて坂を下っていくと、自治会長の浦川勲さん（七七歳）が、外に出て待ってくれていた。ありがたいことに、原爆当時のことを知っている人を何人か集めてくれていた。報告書を見せながら、亡くなった女性に心あたりがないか尋ねてみた。

「これは、幸子《さちこ》じゃないか」「ああ、幸子かもしれんな」

意外にも、名前はすぐにわかった。浦川さんの同級生にあたる松尾幸子ではないかという。

「お化粧もして、きれいにしとったなあ」

若くして亡くなったことは覚えていたが、病状や詳しい経緯についてはわからなかった。

「幸子」の家族は、健在だろうか。

浦川さんたちによると、少なくとも、幸子には兄が二人いたことがわかった。一人は戦後長らく西山地区で暮らしていたが、すでに他界しているという。もう一人は地区から引っ越し、現在の所在はわからないとのことだった。

地区の人々はもとより、お寺や地元の小学校、病院の医師など、あらゆる方面で聞き込みを続けたが、遺族はおろか、二人の写真を持っている人にすらたどり着けない日々が続いた。原爆投下から七六年、「年々被爆者が亡くなっている」と言われるが、当事者だけでなく当事者を知る人すらもまた、この世を去っているということか……。

ちょうどこの頃、新型コロナウイルスの感染が拡大し、取材も中断せざるをえなくなった。

四四歳で亡くなった岩﨑精一郎

それから半年以上の月日が流れた。私たちはまた、急峻な坂道を歩いていた。二例目となった白血病患者の遺族の所在がわかったのだ。

敷地に入り、ビニールハウスを通りすぎると玄関が見えてくる。岩﨑恒子《つねこ》さん（八五歳）は外に出てきて、私たちを迎え入れてくれた。杖をついているが、背筋が伸びていて、折り目正しい印象を受けた。

案内してくれたのは、畳敷きの和室。鴨居には先祖の写真とともに、夫の遺影が飾られている。夫の精一郎は四四歳で、白血病で亡くなっていた。

「ここで結婚式も挙げたんですよ」

岩崎恒子さん

恒子さんは、県内の別の街から嫁ぎ、この部屋で精一郎との結婚生活をスタートさせた。娘三人、息子一人の四人の子どもにも恵まれた。

「ご主人はどんな方でしたか」

「優しかったですね」

肩車をしたり、貯水地で魚釣りをしたり……精一郎が子どもと一緒に過ごした姿を写した写真（次ページ）からも、人柄が伝わってくる。

「優しそうな表情をされてますね」

「まあ仕事は厳しかったですけどね」

恒子さんはそう言って笑った。

精一郎はみかん農家を営み、観光客向けのみかん農園を地域の中でも先駆けて開くなど、地区の将来を期待された農家だった。

「元気だったですもんね。長崎県一のみかんば植えるって。もう一生懸命意気込みしてたんですけどね」

子育ても仕事もこれからという三七歳、突然の宣告だったという。

「白血球がものすごく多くて、人の何倍もあるって言われて入院して検査して。それからだんだん悪くなっていってるんですね」

検査で白血球の数値の異常が見つかり、精密検査を受けると白血病と診断された。様々な治療が行われたが、病状は悪化していく。

「脾臓《ひぞう》も取ったんです、手術して。輸血もだいぶいりますって。それをしたからってよくはならなかったですね」

恒子さんはある時、原爆の放射線の影響を疑って主治医に尋ねたことがあった。

「これ、原爆の関係ですかって聞いたら、〝分からない〟とおっしゃった」

原因の分からないまま入退院を繰り返す日々。本人も原爆の影響を疑っていたのか、原爆関係の本を読んでいた姿を恒子さんは目撃している。

「隠れて見てるんです。何にも言わないんですよ。病気のことは本当、言わなかったです」

亡くなる一年ほど前、家族で商店街に出かけた時のことが、今でも忘れられないという。

「（子どもたちに）何か買いたいものあったら何でも買ってやるけんって言ってね。もう最後かもしれんって思ったんでしょうね、自分で。最期には（子どもを）学校だけは出しなさいって」


精一郎の死後、農業の仕事を引き継いだ恒子さん。価格の低迷などでかんきつ農業が厳しくなる中、花の栽培に切り替えて経営を立て直し、四人の子どもを育て上げた。

膝をさすりながら恒子さんがこうつぶやいた。

「膝が痛くて。無理してるんですよ。男の仕事をしてきましたからね。一日も風邪引いたり、寝込んだりしたことなかったんですよ」

恒子さんは、「寿」と書かれた台紙に包まれた写真を見せてくれた（次ページ）。写っていたのは、紋付き袴を着た精一郎と、晴れ着姿の恒子さんだった。後に襲われる病のことなど、この時の二人は想像さえしていなかっただろう。

「これね、私が亡くなったら、ひつぎに入れてって言っているんですよ」

「お年寄りが手をつないで歩いていく姿を見て、ああ、私も年とったらあんなして手をつないで歩きたかったなと」

精一郎の死因を分析した報告書[74]。そこには、「持続的にまた長期的に微量放射能をあびることによって、ＣＧＬ（慢性骨髄性白血病）を発症した可能性も考えられる」と記され、残留放射線の影響が疑われていた形跡がうかがえる。

恒子さんは、夫が亡くなった時、病院側からこう言われたと明かした。

「解剖させてくれって言われたんですよ」

恒子さんたち家族は、「もうこれ以上切り刻まないでください」と断ったという。結局、残留放射線との因果関係は証明されなかったと報告書は伝えている。

「この患者を積極的に被曝と関連づける証拠は得られなかった」

「（生存期間の）他には、非被爆者にみられる典型的なＣＧＬの臨床像となんらの差

岩﨑恒子さん

異も認められなかった」


精一郎が亡くなってから、恒子さんはなぜ夫が白血病で命を落とさなくてはならなかったか、考え続けてきた。

「原爆にあったからこんな病気になったたってはっきりしたらいいんですけど、それも分からないまま」

インタビューが終わった後、恒子さんは縁側で一人たたずんでいた。ウグイスの鳴き声が静かに響きわたっていた。

一七歳で発症した松尾幸子

もう一人については、半ば取材を諦めかけていた。そんな時に携帯電話が鳴った。

「今から情報をＦＡＸで送るから、番号を教えて」

声の主は、木場町の自治会長、浦川勲さんだった。取材を繰り返すも、なかなかたどり着けずにいた「松尾幸子」の遺族について、手がかりがないか気にかけてくれていたのだ。

幸子の姉にあたる女性が亡くなり、西山地区にある墓に遺骨を納める手続きをしようと、親族が自治会長を務める浦川さんのもとを訪ねてきたというのだ。


後日、私たちは佐世保に向かうべく、高速道路を急いでいた。

佐世保もまた、坂が多い街だ。坂を登り切った高台に「松尾」の表札を見つけた。部屋に招き入れてもらうと、箪笥の上に飾られた写真が目に入った。男性のカラー刷りの写真が二枚、そして、白黒の女性の写真が真ん中にあった。

「これは成人式の写真です。成人式の時はこんな元気だったんですよね」

そこには、晴れ着姿の幸子が映っていた（下の写真）。見せてくれたのは、幸子の兄の妻にあたる、松尾トミ子さん（七六歳）だ。幸子の写真は、これが唯一残っているものだという。

その写真の隣にあったのは、二人の兄、忠と明

の遺影だった。忠は五年ほど前に癌で死去、トミ子さんの夫の明も、四年前に癌でこの世を去っていた。去年、幸子の姉にあたる絢子も癌で亡くなり、西山地区の墓に遺骨を納めたところだった。

トミ子さんは、明と結婚した後の一時期、西山地区で幸子たち一家と暮らしたこともある。一七歳で白血病と診断された幸子は闘病中で入退院を繰り返していた。

「ひとつも怒ったところを見たことないです。人の嫌がることは絶対言わない子だったですもんね」

幸子とトミ子さんは一歳違い。一緒に農作業をしているときも、妊娠中だったトミ子さんを気遣ってくれたという。

「〝トミ子さんよかけん、休まんね〟って言って、自分もきついのにね、そんな言ってくれたりしよったから、本当優しい人だったですもんね」

原爆が投下された時、松尾一家は貯水地のすぐ近くで暮らしていた。幸子は、兄・忠の背中で、地区に降り注いだ灰を浴びたという。

「なにしろ灰が落ちてきて〝この灰は何〟という感じで、何も知らずに受けていたみたいですね」

松尾トミ子さん

「血の塊が口から出たり、鼻から出たり、もうそれを取ってやるのが大変だったたって。一番いい時に亡くなっているから何とも言えないです。やっぱりいろいろ考えたら涙が出るんですよ」


当時の幸子の主治医を突き止めることができた。冨安孝則医師だ。その時の幸子についてこう振り返った。

「残留放射線でこういう白血病が出る、放射能が多い所にずっと長くいると、こういう事例が出てくるんだと。やっぱりショッキングでした。あの頃は薬も何もない。だから、すごく悲惨。出血、発熱、感染症、苦悶の状態。やっぱりつらい思いをさせたと思います」

幸子は原因が分からないまま、六年にわたる闘病生活を続けていた。入退院を繰り返す中、彼女が頻繁に訪れていた場所があると、トミ子さんが案内してくれた。

水のせせらぎが聞こえてくる。六月初めのこの日は、アジサイが満開の花を咲かせていた。私たちが取材の合間に立ち寄っていた貯水池のほとりだった。

「石に腰掛けて水を手で触ったり。この花きれいねとか、この草はなんだろうね、とか、なんか取りとめのない話をしてた。

心のやすらぎがあったんじゃないですかね。もう周りに誰もいない、静かにそこにおれるっていうのがあったから」

幸子は、アメリカの調査について知る由もなかった。やすらぎを求めた場所で、アメリカがひそかに残留放射線を確認し、その事実を隠蔽していたと知ったら何と思っただろうか。

私たちは、アメリカが西山地区で残留放射線の調査を行い、白血病が起きる可能性をつかんでいたこと、原爆投下の五年後には「核種」を特定し、人体への影響について研究を続けていたことを伝えた。

「はっきり言って腹が立ちますよ」

目頭をおさえ、声を震わせながらトミ子さんは語った。自身も零歳《ゼロ》の時、長崎市内で被爆した被爆者でもある。

「これ……これは人として見ていない感じがするんですよ。実験みたいにしてるなって。そういうふうにしかとれないんですね」
深いため息をつき、トミ子さんは、こう重ねた。
「人間を人間として見ていない」

死因との因果関係は

幸子の死因について長崎大学がまとめた報告書[75]をひもといてみる。

体内照射線量については同地区住民が地下水を飲料水として利用していたため異常に高く……（後略）

残留放射線による内部被ばくの影響が考えられていたことが分かる記述だ。しかし、結論はやはり、

二次放射能（残留放射線）がＣＧＬ（慢性骨髄性白血病）の発生に関係があるかどうかは、この一例のみでは断言することは困難である……（後略）

長崎大学・朝長万左男名誉教授

なぜなのか。専門家を訪ねた。白血病を専門とし、長年、被爆者の治療に携わってきた長崎大学の朝長《ともなが》万左男《まさお》名誉教授だ。

自身も、二歳の時に被爆した経験をもつ。松尾幸子と岩崎精一郎についての報告書を見てもらい、因果関係が証明されない理由について尋ねた。

「普通の人からも一〇万人に一人か二人は慢性骨髄性白血病は出るんですよ。それと混同してませんかと言われると、これははっきり原爆の放射線で起こっているんですよというのは、相当な根拠がないといかんのですよ。

住民にとっては、病気が出た、症状が出た、一例一例に思いがある。しかし学問的に言いますと、その一例一例では何もいえないわけです。統計の問題には一つの壁があって、はっきり言えば、越えられない壁なんです」

朝長名誉教授は、福島第一原発の事故による被ばくとの共通の課題があると指摘した。

「(残留放射線は体内に)累積していくわけだから、本当はそれが計算できないといけないけど、外にどのくらい出てて家の中でどのくらい生活してたか、それを毎日記録してる人なんていないでしょ。福島でも同じような問題が起こったのですけど、そういうところに壁があって、福島でも正確な被ばく線量を出すことは非常に難しいんですよね。結論がしっかり導けないというジレンマがある」

被ばく線量についての当時の詳細なデータがなく、証明が困難だという朝長名誉教授。アメリカが当時調べたデータを隠蔽したことは、何をもたらしたのか。

「残留放射能の研究が進んでないでしょ。例えばプルトニウムが人体に入ってて、これも残留放射能でしょ、ある意味でね。それが今ごろ分かっている。その当時に一生懸命やればもっといろんなデータが出たはずでしょ。そういうことですよね。そこに、科学者でもない陸軍のトップが『(残留放射線が)ない』と判断するのは、もう政治以外何ものでもないですよね」

朝長名誉教授は、報告書に目を落とし、時折考えこむしぐさをしていた。科学者、そして被爆者としての悔しさがにじんでいるようにも見えた。

原爆投下から七八年がたった今なお、西山地区の白血病と、残留放射線の因果関係は証明されていない。

第5章で伝えたように、残留放射線は、時間と共に急激に低くなる「減衰」という現象を起こす。七六年たったいま、西山地区の残留放射線は、すでに自然界と同じレベルになっているとされる。

貯水池に、金比羅山から漏れ出る夕日が差し込み、水面を赤く染め上げていた。アメリカが残留放射線を隠蔽してから七六年の時間がたってしまったことの意味を、改めて突き付けられたような気がした。

事実を教えてほしかった

西山地区に関係する取材をしてきて、今回、明らかにできなかったことがある。

この地区を調査した九州帝大の篠原健一教授（第2章、第6章参照）。私たちは取材の中で、篠原教授と一緒に調査に同行した、物理学者、森田右《すすむ》博士の回想録[76]にこんな記述を見つけた。


西山地区に、爆発の後、雨と一緒に死の灰（核分裂生成物）が降り注ぎ、地面一帯が強い放射能をもっていることが判明し……（中略）住民の避難が検討されたこともあった。

調査に関わった科学者が、住民の避難を検討していたという重大な情報だ。しかし、実際に避難が行われたという事実は残っていない。

なぜ、検討されながら避難は実行されなかったのか。

調べていくと、森田博士は一〇二歳で健在なことがわかった。都内の自宅を訪ねると、老齢ながら、ゆっくりとではあるが会話をすることができた。

森田博士は避難について、「そこまでする必要はない、と（科学者たちの間で）なった」と語った。理由を問うと、「最終的に決めたのは、篠原教授たちだと思う」と答えたものの、それ以上の話はできなかった。

改めてテレビカメラでの撮影をお願いしたいと思っていた矢先、森田博士はこの世を去った。

篠原教授は避難についてどう判断したのか。彼自身が「長崎での測定もアメリカ軍によって禁止されたことがあった」と回想しているように、占領下の当時、西山地区に関する重要事項を日本側だけで決めることができたとは考えにくい。

その後も、アメリカや日本の様々な資料にあたり、関係者への取材を重ねたが、避難についての詳細はわからなかった。ただひとつ言えることは、アメリカは西山地区の残留放射線による人体への影響について調査を続け、住民は一切情報を知らされることなく、生活を続けたことだ。

アメリカの調査の対象となり、戦後、甲状腺機能低下症や癌などの病に苦しんできた中尾恒久さん。インタビューの最後にこう投げかけた。

「この七六年間って、中尾さんにとってはどういうものでしたか」

「本当、この放射能が、そげん残っててというのに、知らせずに調査して、ほんともうあの……僕たちも何十年も住んでるとこに、(当時は)住まれんってことは、聞きたくもなかったですけど、しかし、聞きたくなくても事実は教えてくれないと」

また長い沈黙が続いた。部屋には、時計が針を刻む音だけが響き渡っていた。

中尾さんの言葉は、決して七六年前のことだけを指しているのではない。私たちにはそう感じられた。

第9章
「原因不明の死」は他の地区でも

被害を訴える住民たち

家ではつぎつぎと年が立つに連れ、父母、兄、妹、合せて四人がなくなって居ります。（中略）私くし共は一日一日をどなたにおすがりすれば良いのでしょうか。

ある集落の住民が請願書で綴った訴えだ。

私たちは、取材のきっかけとなった、極秘とされてきた資料「ATOMIC BOMBS, HIROSHIMA AND NAGASAKI ARTICLE1 MEDICAL EFFECTS」に立ち返っていた。

序章でも述べたように、報告書には爆心地から東側に矢印が引かれ、長崎から約八〇キロ離れた熊本でも残留放射線を確認したと記されている。

最も高い線量が確認されたのは西山地区だが、それより東側の地域でも、残留放射線が確

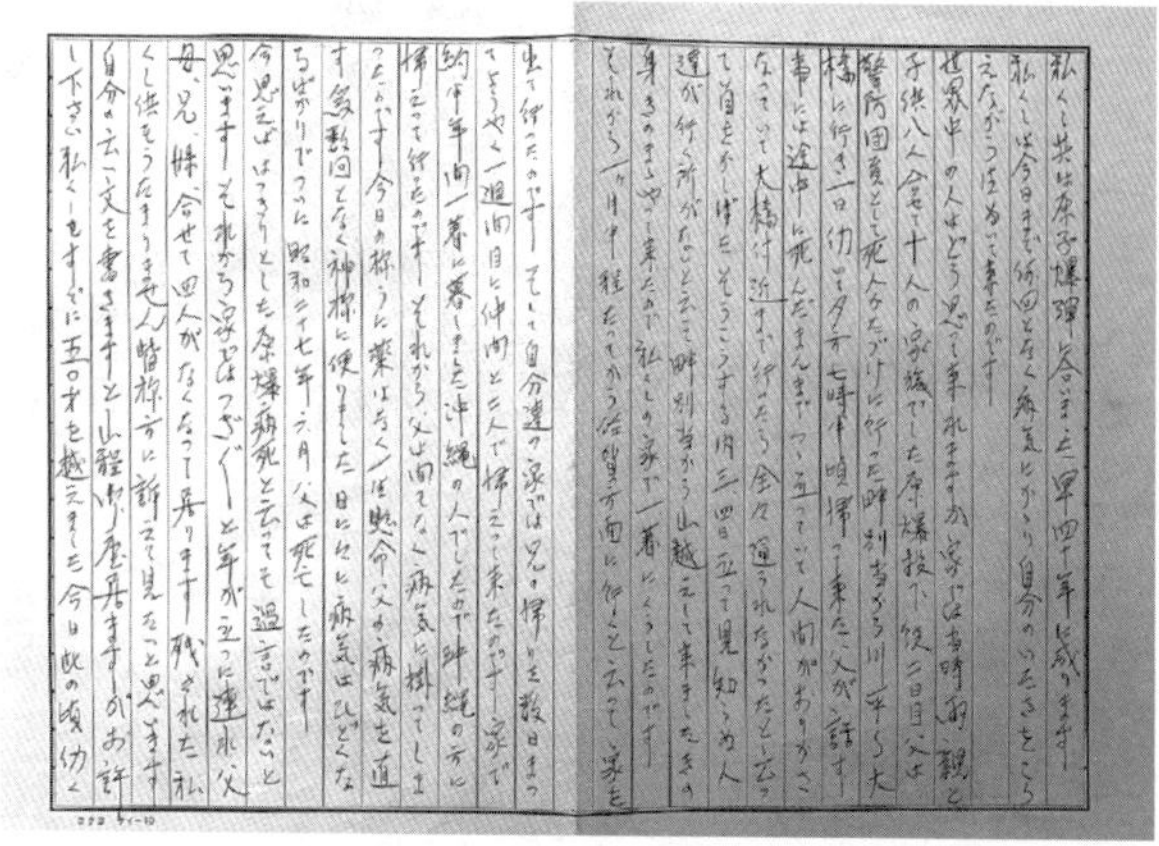
私くし共は原子爆弾に合ってから早四十年に成ります
私くしは今日まで何回となく病気にかかり自分のいたさをこら
えながら生きて来たのです
世界中の人はどう思って来れますか。家では当時の両親と
子供八人合せて十人の家族でした原爆投下後二日目に父は
警防団員として死人をかたづけに行った時別当から川平から大
橋に行き一日働いて夕方七時頃帰って来た。父が話す
事には途中に死んだまんまでつっ立っていて人間がおりかさ
なっていて大橋付近まで行ったら全々通られなかったと云っ
て首をかしげたそうこうする内三四日立って見知らぬ人
達が行く所がないと云って時別当から山越えして来ましたその
身のままやって来たので私くしの家で一番にくらしたのです
それから一ヶ月程たってから皆それぞれ方面に行くと云って家を
出て行ったのです そして自分達の家では兄の帰りを数日まっ
てようやく一週間目に仲間と二人で帰って来たのです 家で
約十年間一緒に暮しました沖縄の人でしたので沖縄の方に
帰って行ったのです それから父は間もなく病気に掛ってしま
ったのです 今日の様うに薬はなく只懸命に父の病気を直
す為数回となく神様に便りました日に日に病気はひどくな
るばかりでついに昭和二十七年六月父は死亡したのです
今思えばはっきりとした原爆病死と云っても過言ではないと
思います それから家ではつぎつぎと年が立つに連れ父
母、兄、妹、合せて四人がなくなって居ります 残された私
くし供をうたまりません皆様方に訴えて見たいと思います
自分の云う文を書きますと山程御座居ますのでお許
し下さい 私くしもすでに五十才を越えました 今日此の頃働く

長崎の住民たちによる請願書＝山本誠一さん、本田孝也さん、中鋪美香さん提供

認されている以上、健康への影響が生じていた可能性はないのだろうか。

車は、西山地区をさらに北東へ。建設が進む新幹線の高架を横目に、狭い山道に入っていた。名勝「滝の観音」を越えると、のどかな田園風景が姿を現す。

道沿いには、手作りなのだろうか、人気アニメにちなんだ「トトロのバス停」が置かれていた。ちょうど田んぼには水が引き込まれ、ぽつぽつと田植えをしている人の姿も目に入る。私たちが訪ねたのは、爆心地から七・五キロ、長崎市間《ま》の瀬《せ》地区。戦後、ここでも原因不明の死が相次いだという。

長年、黒い雨による被害を訴え続けてきた人がいると聞き、訪ねた。鶴武さん（八四歳）だ。彼の後ろについて、茂みの中を歩く。原爆が投

鶴武さん

下された時に暮らしていた場所に案内してくれるという。

「ここが、私たちが住んでた所です」

当時、鶴さんは八歳。雨や灰は、間の瀬地区にも降り注いだという。

「サーっときて、燃えかすと一緒に降ったもんで。シャツも何も白いのが染みのできるほど。そのくらいの雨だったですよ」

そう語ると、鶴さんは髪をかき上げて、雨が降った後に自分や兄弟たちに起きた異変を訴えた。

「くしをかけると（抜けた髪が引っ掛かって）外せないほど。髪の毛が薄なって。そげんつらい目に遭ったちゅうことは事実」

すでに息が上がっている取材班をよそに、鶴さんは、行く手を阻む蔦を潜り抜けて、さらに奥へと進んだ。

「ここが池になっていたんです」

当時この地区では、沢や池の水が暮らしに欠かせないもので、飲み水や料理に使っていたという。そこに雨や灰が降り注いだとすると、住民たちは知らずに放射性物質を体内に取り込んでいた可能性が生じると指摘する専門家もいる。

現場での案内を終えて家に戻ると、鶴さんが仏壇に手を合わせていた。

一枚の絵が目に飛び込んできた（上の写真）。描かれていたのは、仰向けに横たわる人の姿。その脇には、「姉27才　癌で死　のどと腹がはれる」と書かれていた。原爆投下から一五年ほどたった頃に、二七歳で亡くなった姉の愛子を描いたものだという。

「胃癌にもなって、腹が大きくなっとった。人間もあんなふうになってしまうのかと思った。苦しんで死んでいっとったですよ」

愛子は、幼い二人の子を残してこの世を去っていた。

被爆者として認められない苦しみ

間の瀬地区が置かれてきた境遇とはどのようなものか。

結論をいうならば、鶴さんたち住民は、残留放射線の影響はおろか、被爆者としてすら認められていない。

一九五七年、原爆医療法が施行されると、広島、長崎で被爆地域が決められ、その域内に原爆投下時にいた人などは、被爆者として認められることになった。

長崎では、当時の長崎市の行政区域が被爆地域になる一方、間の瀬地区を含む旧矢上《やがみ》村や旧戸石《といし》村などの地域は、対象外となった。行政の区分で被爆地域が決められていたのだ。

しかし、間の瀬をはじめこれらの地域からは「自分たちの地域でも黒い雨や灰が降ったり、体調不良や原因不明の死が相次いでいたにもかかわらず、長崎市かどうかだけを判断基準として被爆地域と認められないのはおかしい」という声が上がった。

間の瀬から西に峰を一つ越えた集落・畦別当《あぜべっとう》町は、当時から長崎市に属するため、被爆地域に認められている。

「畦別当は区域内に入ってるでしょ。被爆手帳をもらってるですもんね。もう距離的には、歩いていて何分もかからんぐらい。同じ地域に生活をしながら、なぜにこの間の瀬だけがならんとですか」

鶴さんが、畦別当方面をじっと見ながら、悔しそうに語った。

この章の冒頭に記した住民の言葉。それは、私たちが入手した間の瀬地区住民の国への請願書[77]の一節だった（左の図）。

書き出しはこう始まっている。

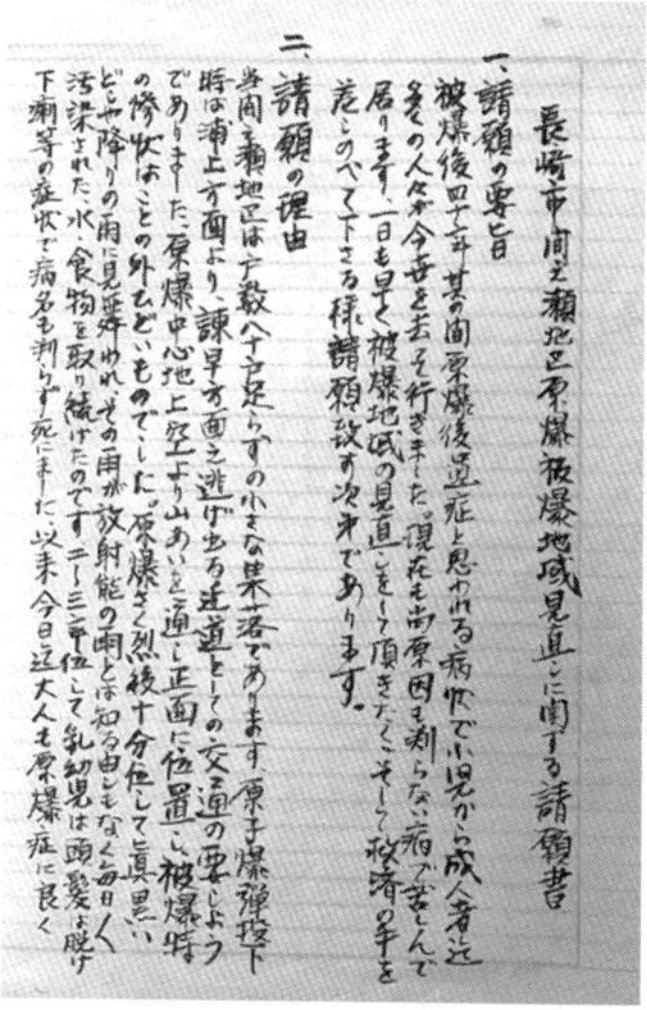
長崎市間之瀬地区原爆被爆地域見直しに関する請願書
一、請願の要旨
被爆後四十二年其の間原爆後遺症と思われる病状で小児から成人者迄多くの人々が今世を去って行きました。現在も尚原因も判らない病で苦しんで居ります。一日も早く被爆地域の見直しをして頂きたく、そして救済の手を差しのべて下さる様請願致す次第であります。
二、請願の理由
当間之瀬地区は戸数八十戸足らずの小さな集落であります。原子爆弾投下時は浦上方面より、諫早方面に逃げ出る近道としての交通の要しょうでありました。原爆中心地上空より山あいを通じ正面に位置し、被爆時の惨状はことの外ひどいものでした。原爆さく裂後十分位して真黒いどしゃ降りの雨に見舞われ、その雨が放射能の雨とは知る由もなく毎日く汚染された水、食物を取り続けたのです。二～三年位して乳幼児は頭髪が脱け下痢等の症状で病名も判らず死にました。以来今日迄大人も原爆症に良く

被爆後四十二《ママ》年其の間原爆後遺症と思われる病状で小児から成人者迄多くの人が今世を去って行きました。現在も尚原因も判らない病で苦しんで居ります。一日も早く被爆地域の見直しをして頂きたく、そして救済の手を差しのべて下さる様請願致す次第であります。

日付は一九八六年。住民たちは一人一人手書きで綴っていた。

こんな痛い苦しみを安心して養生出来る何の保障も持たない、私達農民なのです。どうか私達貧民をお助け下さい。

厚生省のお役人様　私たちは爆心地の近くにありながら　いまだに何の生命の保証もありません。

被爆者として認めてもらいたいと訴える住民たち。戦後、相次いだ原因不明の死についても綴られていた。

その年（一九四五年）の十月に生れた赤坊はお腹が真黒くなって一才二ヶ月で亡くなり、長男も十二才まで生きましたが、痔瘻で死んでしまいました。

その一方で、差別を恐れ、被害を訴えにくい実情があったことも請願書から浮かび上がってくる。

娘は離婚その他つまらぬ事になるのを恐れて主人にも原爆病のことわ告げていません。

住民や関係者に取材すると、

「（原因不明で亡くなった人を）当時は伝染病と疑い、近所の人に知られないようにこっそり埋葬したと聞いた」

「〝原爆のことを言ったら、男は嫁をもらえない、女は嫁にいけない〟と言われたこともある」

という証言も得られた。

被爆直後に残留放射線の実態を隠蔽されたことで「謎の病」で苦しむばかりか、差別への恐れや世間体を気にして実態を言い出せない……そんな中で綴られた一文字一文字の重み。住民たちの苦しみがどれほどのものだったか、訴えに込められているように感じた。

「黄緑色の手帳」の意味

その後、間の瀬の住民たちが声を上げるようになった時には、国は、被爆地域拡大を求める地域の訴えを退けるようになっていた。ハードルとなったのが、一九八〇年に国の原爆被爆者対策基本問題懇談会が出した答申[78]、いわゆる「基本懇答申」だ。

被爆地域の指定は、本来原爆投下による直接放射線量、残留放射能の調査結果など、十分な科学的根拠に基づいて行われるべきものである。

そもそも、アメリカが残留放射線を隠蔽したため、当時の被爆地域の線引きも科学的調査の結果に基づいたものではない。それにもかかわらず、国は「科学的根拠」を立証するよう住民に求めたのだ。

鶴さんが、黄緑色の手帳を見せてくれた。「被爆体験者精神医療受給者証」という。被爆者が持つ「被爆者健康手帳」の色は赤だが、これは違う。

国は二〇〇二年、原爆投下時に爆心地から半径一二キロメートル圏内で被爆地域の外にいた人を対象に、一定の条件を満たせば、医療の給付等を受けられる被爆体験者支援事業を開始した。鶴さんたちは「被爆体験者」として扱われ、その数は長崎県内で五四〇〇人余りに上っている。手帳はそのための受給者証だった。

「被爆者」と「被爆体験者」は、似ているようで決定的に違う。手帳にはこんな文言が書かれている。

あなたが原爆投下時にいた場所は、原爆の放射線による直接的な身体への健康被害はないことが確認されています。当時、光、爆風、又は熱を体験したことがあっても、原爆の放射線の直接的な身体への影響はありませんので、ご安心ください。

「放射線による身体への健康被害はない」のならば、何の医療の給付を受けられるのかというと、つらい被爆体験を和らげるための「精神医療」なのだ。住民たちの残留放射線による被爆の訴えを認めたわけではない。抜本的な解決ではなく、いわば妥協案の産物なのだ。

「残留放射線は皆無」と言い放ったグローブス少将のことが、脳裏をよぎった。結論ありきの調査で残留放射線を否定したことの影響が、ここに刻印されているように感じた。

アメリカ軍が、間の瀬地区でも測定をしていたかどうかは分かっていない。ただ、間の瀬地区が含まれる旧矢上村地域では、残留放射線が確認されたことがアメリカの報告書に記されている。

アメリカ軍の調査のことについて鶴さんに伝えると、意外な言葉が返ってきた。

「これ（資料）も当てにならんようなものじゃなかでしょうかね。はっきり言えば。お願いは何十回しとるですかね。それがいまだに（被爆地域に）なっていない。ずっと求めはするものの、〝私がやる〟という勇気のある人がいない。あなただって、私が絶対してみせますという保証があれば別ですけど、できる人は出てこん」

返す言葉がなかった。

鶴さんたち住民は、国や自治体、議員に幾度となく請願してきたが、被爆者として認められなかった。「被爆体験者」の中には行政に対して裁判を起こしている人たちもいるが、敗訴している。

二〇一一年には、住民たちが一縷の望みを託した科学的な調査も行われた。広島大学の星正治名誉教授ら専門家グループが、間の瀬地区で土壌を採取。長崎原爆によって生じた放射性物質を探し、線量がどの程度だったか分析しようと試みた。しかし、原爆の残留放射線による影響を証明しうるだけの放射性物質を計測することはできなかった。残留放射線は減衰することに加え、戦後アメリカなどの核保有国が繰り返した核実験によって発生した放射性降下物＝グローバル・フォールアウトの影響によって、採取した放射性物質が長崎原爆によって発生したものだと特定することも容易ではない。

こうした苦難の歴史を考えれば、行政はもとより、科学者や私たちメディアが示す資料に対して疑心暗鬼になったとしても不思議ではないように思えた。

「どなたにおすがりすれば良いのでしょうか」という冒頭の請願書を書いたのは、鶴さんの六つ上の兄・繁だった。鶴さんの家では、姉の愛子だけではなく、父親や他の兄弟も、戦後、癌などの病で亡くなっている。

繁は被爆者として認定してもらいたいと、手弁当で活動を続けてきたが、九年前に他界。一緒に活動していた住民たちもほとんどが亡くなっている。

「私はもう年も取っておるし、もう先が、わからんけん。人間は、最終的にはあきらめんば、しょうがなか。今まで一生懸命やってきて、〝なんとか〟（被爆者に認定してもらいたい）と期待しておりながら、そうならないのが世の中なんでしょう。あきらめんばできないときには、あきらめんばできんとじゃなかですか。他に方法はない」

鶴さんは力なくそう言うと、大きく長いため息をついた。話を聞くうち、外はすっかり薄暗くなっていた。

夜道を走りながら、取材先で必ずといっていいほど聞いた、住民たちの「ぼやき」のことを思い出した。戦後間もないころの地元自治会の役員たちが、被爆地域に認めてもらえるよう、もっと活動すべきだったというものだ。「ちゃんと陳情していれば、こんな目に遭わずに済んだのではないか」と。

当時、政治的事情によってなされた被爆地域の線引きを覆せたかどうか、今となっては分からない。ただ、つらい状況に置かれるなか、地域の内部でも不協和音が生じ、国や自治体、メディアも信頼できないという苦衷が滓《おり》のように溜まっているのを感じた。

静まり返った夜の田んぼに、カエルの鳴き声だけがこだましていた。

「黒い雨」訴訟は認められたが……

大方の取材を終え、番組の放送に向けて編集作業を進めていた二〇二一年七月、大きなニュースが飛び込んできた。

広島で「黒い雨」を浴びて健康被害を受けたと住民などが訴えた裁判で、広島高等裁判所は原告の主張を認め、国が指定する区域以外にも、健康被害が及んでいると判断。国も上告を断念したのだ。

判決を踏まえ二〇二二年、国は、被爆地域の外にいた人でも黒い雨を浴びた可能性が否定できない場合などには被爆者として認定する新たな基準を設けた。

しかし間の瀬地区など長崎の被爆体験者の人たちは、いまなお被爆者として認められていない。

長崎県と長崎市は、被害を訴える人を被爆者認定の対象とするよう、国に求めているが、国は「黒い雨が降った地域を示す客観的な資料がない」ことなどを理由に、現状では応じていない。

第10章

「白血球の異常値」その痕跡をたどる

「結構高い」？　気がかりな地域

さらに、私たちには気がかりになっている地域があった。それは今回作成した「原爆投下直後の残留放射線マップ」で、長崎の爆心地から東へ約四五キロ離れた島原市周辺の地区だ。この地域では、原爆投下から四時間後、放射性降下物が到達したと考えられている午後三時に、一時間あたり0.5mSv《ミリシーベルト》という値が算出され、計算した京都大学複合原子力科学研究所の今中哲二研究員も「結構高い」と驚いていた地域である（第5章参照）。

現在、一般の人々に対する被ばくとして公式に定められている線量限度は、年間あたり1mSv。もしこの推計が正しければ、島原地区ではこの線量限度を、減衰することを考慮しても数時間で超える計算となる。

これまで、原爆投下の時に島原地区にいて被爆者と認定されている人はおらず、残留放射線の人体への影響について議論になったという話も聞いたことがない。

手がかりとなる資料や証言はないか探したところ、原爆投下から約二か月後の朝日新聞[79]で気になる記事を見つけた。

風下に原子病発生　島原、千々岩《ママ》方面にも患者

風下に原子病發生
島原、千々岩方面にも患者

朝日新聞（西部朝刊）1945年10月4日

こう見出しに書かれ、ワレン大佐、つまり「マンハッタン管区調査団」の班長を務めていたスタッフォード・ウォレン大佐が、日本の調査団の一員だった九州帝国大学の科学者に次のように忠告したと伝えている。

「爆発後の風向で判断すれば放射能をもった塵埃《じんあい》が長崎の東方に流れたようだが、島原半島一体《ママ》になにか影響を認めなかったか」（ルビは筆者）

さらに記事には、「島原市と千々岩《ママ》町の調

査を進めたところ案の如く、〝風に乗る原子爆弾〟の○体（○は読み取れず）が随所に認められた」として、「歯茎から血がでる、○（読み取れず）もなく体がだるい……こういった兆候は明かに放射能の存在を物語るもの」で、その兆候を探るためにも「（一〇月）二日、同半島に調査班を派遣、大々的に一般住民の健康調査、血液検査に乗出すことになり、原子爆弾研究の新しき発展が注目されるにいたった」と書かれていた。当時、島原半島でも残留放射線の人体影響について懸念が示されていたのである。

手がかりは「白血球の異常値」

さらに、国会図書館に保存されていた「原子爆弾災害調査報告集」の中に手がかりを発見した。報告書は、連合国による占領が終わった翌年、一九五三年に日本学術会議原子爆弾災害調査報告書刊行委員会によって編纂《へんさん》されたものだった。この中に「長崎市に投ぜられた原子爆弾が島原市住民に及ぼした影響について」という項目があった。

調査は長崎医科大学の筬島《おさじま》四郎医師を中心として、島原市の女学校の生徒や工場で働く工員など二〇〇人以上に血液検査を行っていた。さらに、長崎に原爆が投下された当時、島原市にいた一五名を一九四五年一〇月七日から一一月一二日の間に検査し、白血球の数値を調べていた（次ページの図）。

第 1 表　爆撃当時島原市に在りし者の白血球像

姓名	年令	性	検査日	白血球数	塩基	エジオン	中性	中性 幼若	中性 桿状	中性 分葉	モノチテ	淋巴球	プスラマ	月経	赤沈(SHR)	備考
七[redacted]枝[redacted]	18	♀	17/10	7000	0	3.5	47.5	0	6.5	41.0	2.5	46.5	0	変化なし		
中[redacted]幸[redacted]	18	♀	18/10	7800	0	3.5	53.5	0	3.5	50.0	3.5	38.5	1.0	変化なし		
松[redacted]直	68	♂	7/10	6600	0	5.5	59.0	0.5	11.0	47.5	4.5	30.0	1.0			9月中旬より全身倦怠殊に下肢に甚し
出[redacted]初[redacted]	21	♀	8/10	13400	0	6.5	59.5	1.0	7.5	51.0	7.0	27.0	0	本年9月期間短く量少し	8月9日前後に於て変化なし	8月初旬より悪寒, 頭痛あり現在頭痛, 全身倦怠あり（肺結核療養中）
林[redacted]志	22	♂	7/10	6600	0	1.5	51.5	0	3.0	48.5	3.5	43.5	0			
横[redacted]晧	22	♂	7/10	11400	0	3.0	75.5	0	10.5	65.0	6.0	15.5				
田[redacted]勇	40	♂	5/10	9400	0	3.5	50 5	0.5	5.5	44.5	2.0	44.0	0			
石[redacted]十[redacted]	23	♂	7/10	6000												
池[redacted]喜[redacted]	26	♂	15/10	12000												
寺[redacted]良[redacted]	18	♀	19/10	8200	0	1.5	66.0	0.5	10.5	55.0	5.5	27.0	0	変化なし		
石[redacted]加[redacted]	18	♀	10/10	8200	0	3.5	54 5	0	11.5	43.0	2.5	39.0	0	本年2月初潮以来不整		
松[redacted]銀[redacted]郎	26	♂	12/10	7600	0	16.5	55.5	0.5	12.0	43.0	3.0	25.0	0			
大[redacted]治[redacted]	28	♂	7/10	6200	0	4.5	66.5	0	3.0	63.5	2.5	28.5	0			
塩[redacted]良[redacted]	17	♀	12/11	7600	0.5	1.5	61.0	0	4 5	56.5	8.0	29.0	0	9月量少し	$\frac{6+\frac{17}{2}}{2}=7.25$	
清[redacted]錦[redacted]	17	♀	12/11	7800	0	1.5	49.0	0	1.5	47.5	5.5	44 0	0	不整	$\frac{5+\frac{10}{2}}{2}=5$	

「爆撃当時島原市に在りし者の白血球像」

リストになった資料から、一人一人の白血球の数をみていくと、一マイクロリットルあたり八〇〇〇を超えた人が一五人中六人、そのうち二人は一万を超えていた。しかし、この報告書の結果は「著しい変化は認めえない」とされ、結論として「長崎市に投ぜられた原子爆弾は島原市住民に対しては、ほとんど影響がなかったものと考えられる」とまとめられていた。

　この調査報告をどのように見ればよいのか。広島大学の鎌田七男名誉教授に見てもらった。鎌田教授は「島原半島で行われた血液検査の結果なんてものがあるのか」と驚き、一五人の血液の数値を指でたどって「白血球の数が多い人がいるね」とつぶやいた。

「白血球の数値が八〇〇〇以上の数値、とりわけ一万を超える数値は異常値で、放射性物質が体内に入って起きた可能性があります。西山地区の血液検査の時もそうでしたが、放射性物質が体内に入ると内部被ばくで骨髄を刺激しているんです。特にプルトニウムは骨髄に溜まりますから、刺激されて白血球が増えるんです」

万以上の数値を測定しているのに、報告書の結果が「著しい変化とは認めえない」とされた点について聞くと、「著しい変化が認めえないと断言しているのはおかしいと思うが、ここに掲載されているデータは一五人と数が少ないのでなんとも言えない」と答えた。

この調査で「ほとんど影響はなかった」と結論づけられたためなのか、これ以後、島原半島における残留放射線に関する調査記録はなかった。

島原半島に当時影響があったのかどうか、今となっては知るすべもないかもしれない。仮に当時あったとしても、前に述べたように「減衰」などによって、現在では放射線の痕跡さえ見当たらない可能性は高い。私たちに残された選択肢は、この調査報告をもとに、現場で取材をすることのみだった。調査で白血球の数値が八〇〇〇以上だった本人、あるいは遺族を探すことにした。

「赤痢《せきり》」は関係あるのか

島原鉄道から望む雲仙岳

島原鉄道の列車に乗り、諫早《いさはや》からトンネルをいくつか抜けると、雲仙岳をはじめとする山々や、田んぼや畑、そして目の前一面に広がる真っ青な海が見えてきた。

車窓から外を眺めながら、一九四六年に完成し、アメリカに没収された映画「広島・長崎における原子爆弾の影響（The Effects of the Atomic Bomb on Hiroshima and Nagasaki）」にも、島原半島を一周して残留放射線を調査する様子が撮影されていたことを思い出した。その後七六年、残留放射線の影響がないとされ、追跡調査も行われなかった地域である。わずか一五人の血液検査リストを眺めながら、当事者にたどりつけるのか、不安な思いを抱えながら島原に着いた。

滞在初日から数日は、戦時中から存在する寺や学校、また地域の自治会や郷土史家など当時の歴史や地域の住民について詳しい人物や施設を訪問した。リストを見せ、戦後すぐの地域の名簿と突き合わせたり、戦前からこの地域に住む住民の方々を紹介してもらったりして取材を進めたが、リストに書いてある人物の名前に見覚えがあるという人は見つからなかった。

しかし、取材を進めるといくつかの地域で、原爆投下後に局地的にだが「赤痢」が発生した地域が複数あったことがわかった。それらの地域は戦後、雲仙岳や眉山《まゆやま》を水源とした井戸水を飲み水として利用していた。

なぜ「赤痢」がひっかかったのか。広島原爆病院の初代院長を務めた重藤文夫医師のある証言[80]を思い出したからだ。

（原爆による放射線の影響と分かるまで）血便が出てもね、これだけの災害を受けた場合、混乱に陥ってるとき、とにかく食べ物の消毒が悪いでしょ。だからね、赤痢になったというふうに解釈しましたね。それから喉がやられて、そして血が出て、（のどに）白い膜があるんですが、もうジフテリア（の感染の症状）とそっくりになるんですよ。声が出なくなる。それを見て、やはり混乱の時だからジフテリア菌も繁殖してきたんだというんで、私たちが被爆者を見に行くときでも、洋服の裾をからげてね、そしてマスクをしてね、伝染病をみるような格好で行っていた。（中略）ある病院ではこりゃあ伝染病が入ってきたというので、赤痢のための隔離病棟をつくったところもありますよ。

広島で多くの患者を診察してきた重藤医師が、原爆による放射線の影響だと分からなかったところ、下痢や血便の症状を赤痢と診断していたと語っていたのだ。もちろん取材している島原地域は広島と環境が異なるため、単に赤痢が発生していただけかもしれない。この「赤痢」という情報を放射線による症状であったと決めつけられるはずがない。とはいえ、ここでも同じような原因の取り違えが起きていた可能性はゼロではない。赤痢が発生したと聞き取った地域から、リストに掲載された人物を探し始めた。

可能性のある地域の家を一軒ずつ回っていった。日中は留守にしている家も多く、何日も空振りが続き、諦めかけていた時だった。

「ごめんください」

インターホンを押して出てきたのは高齢の女性。自己紹介をして、趣旨を切り出した。

「原爆の残留放射線による影響を調べています。血液検査のリストにある女性の名前を見つけたのですが、ご親族の中に同姓同名の方はいらっしゃいますでしょうか。昭和二〇年当時に島原に滞在していて、二一歳だったようなのですが」

「それは母の名前です。年も同じで母は当時も島原に住んでおりましたが、いったいどういうことでしょうか」

見つかったのは、白血球の値が一万三四〇〇だった女性の娘、村上静子さん（七二歳・仮名）だった。少し困惑気味の静子さんに、当時、残留放射線の測定が島原でも行われていたこと、白血球の数値が高い人もいたが、その後は調査が行われず、影響があったかどうかもわからなくなったこと、そして当時の血液検査を受けた人を探していることを説明した。

「事情はわかりました。当時、私はまだ生まれていないので、血液検査をされていたことを初めて知ってそのことも驚いていますけど、このリストの中で、どうして母を探していたんでしょうか」

「白血球の数値が八〇〇〇以上の方を探していました。その中でもお母様の数値が、正常な白血球の数値より高い一万三四〇〇で、その原因を断定することはできませんが、仮に放射性物質の影響であれば……」

この言葉を聞いた静子さんは、いきなり涙を流し始めた。

「母は昭和四〇年頃に乳癌になり、その後もたくさんの癌を発症しました。内臓はすべてやられ、吐血も繰り返す。走馬灯のように看病していた時の母の辛そうな姿を思い出して、涙が……いきなりごめんなさい」

泣き続け、混乱している様子の静子さんに、この場でこれ以上取材をすることは負担をかけてしまうと考えた。突然の訪問を詫びた上で、残留放射線の影響があるかどうか、現時点では全くわからないことを念押しし、「改めてお話をさせてもらえるのであればご連絡ください」と名刺を置き、家を後にした。

調査は十分だったのか

その夜、泣き続ける静子さんの姿を思い出した。残留放射線の影響は憶測にすぎないかもしれず、そんな情報を伝えても、空しさを感じさせてしまうだけなのではないか。疑問が自分の中でぬぐえず、一睡も出来なかった。しばらく連絡はこないだろうと思っていたが、翌日、静子さんから携帯に連絡があった。

「昨日は取り乱してしまいごめんなさい。母の死の原因が、残留放射線だったのか、そうでなかったのか。今となってはわからないことだと思いますが、わからなくなってしまったこと自体が罪深いことだと、あなたが帰ったあと改めて感じました。私が話せることは闘病生活で苦しんでいた母の姿だけですが、少しでも役に立つのであれば取材にご協力したいと思ってご連絡しました」

数日後、静子さんの家を訪問し、母親のことを聞かせてもらった。

静子さんの母は農家の娘として生まれ、原爆が投下された時は二一歳だった。実家の畑仕事を手伝っていて、西の空に「きのこ雲」を見たという。その後、なぜか「生理が止まった」と静子さんにのちに語っていた。二〇年後に乳癌を発症。その後、内臓に複数の癌を患い、長い闘病生活を送った末、七四歳で亡くなった。静子さんは過去を思い出しながら、夫婦で母の看病を続けたこと、同じ地域に住む親戚も大腸癌で亡くなったことなどを淡々と話してくれた。

「母は、死ぬまでずっと苦しみながら過ごしていました。なんであんなに苦しみながら過ごしていたんだろうとずっと心の中で考えていました。血液検査をしたのであれば、当初は残留放射線の影響の可能性も考えていたのではないでしょうか。なぜ安易に『影響はなかった』としてしまったのでしょうか。母が病気になること自体は避けられない運命だったのかもしれませんが、知らせてくれたら、当時母と私が味わった苦しみは変わっていたかもしれません」

静子さんは最後に「教えてくれてありがとう」と言って、玄関先まで見送ってくれた。この後、静子さんの夫の癌の状態が悪化し、再び取材することはできなくなった。

日本人の二人に一人が生涯で癌にかかるとされるなか、癌だから残留放射線の影響が考えられると短絡的に考えることは、もちろんできない。ただ、白血球に異常値が出ていたことをきっかけに、当時より詳しい調査が行われていれば、影響が見つかったかもしれないし、逆にやはり影響がないとして、別の面で医療に役立ったかもしれない。

　七六年間という時間の壁に阻まれ、ただ無力感だけが残る取材だった。

第11章

スパイを送り込んでいたソ連、謎の調査を追う

広島・長崎で原爆を投下した直後に行われた「原爆初動調査」。しかし現地での初動調査は、実は当時のソビエト連邦も行っていた。その詳細はこれまで謎とされてきたが、送り込まれたのはスパイたちだったと判明。謎の調査を追う。

謎多きソ連の原爆初動調査

残留放射線を隠蔽しながら、戦後も被爆地で調査を続けたアメリカ。背後には、ソビエト連邦との熾烈な核開発競争があったことを第7章で伝えた。

実は、そのソ連もまた、広島・長崎で原爆初動調査を行っていたことをご存じだろうか。戦後、アメリカと並ぶ核大国となっていくソ連が、そこでどのような調査を行い、残留放射線についてどう捉えていたのか、そして、調査がその後の核開発にどう作用していったのか。その詳細は、ほとんど明らかにされていない謎だった。

一党独裁の共産主義体制のもと、徹底した情報統制を行ったソビエト連邦。崩壊後の一九九〇年代、一時は情報公開が進んだが、現在のロシアではプーチン政権のもと、再び情報統制が厳格化しているといわれる。ぜひ取材したいとは考えたが、果たして核に関わる情報が出てくるだろうか。

現地のスタッフに相談すると、案の定、色よい返事とはいかなかった。

「一九九〇年代ならチャンスがあったかもしれませんが、今はかなり難しいです。でもやってみましょう」

私たちは、資料を集め、証言者を探すことにした。

ベールに包まれた「幻の報告書」

謎にどう迫ればいいのか。実は手がかりとなる資料が、二〇一六年にロシア政府から日本政府に寄贈されていた。ソ連の調査団が被爆地を撮影した約五分の映像だ。広島や長崎の惨状が映し出され、六〜七人の調査団の男たちが、和傘を持った日本人から聞き取りをしているような場面もある。

ただ、なぜか被爆者が受けた被害を伝える場面はない。映像は細かくカットが重ねられ、編集されているようにも見える。この時、ソ連は何を調べていたのだろうか。調査が行われたのなら、報告書があるはずだ。それを探そう。

ソ連がどのくらいの規模や頻度で調査を行ったのか、全体像は明らかになっていないが、調べてみると、アメリカより早い八月下旬に広島・長崎に調査に入ったといわれる人物がいることがわかった。在東京ソビエト大使館の諜報員だったミハイル・イワノフである。日本がソ連と終戦工作を進めていたことから明らかなように、八月九日にソ連が参戦するまで日ソ間には外交ルートがあり、東京にはソビエト大使館も置かれていた。大使館から諜報員である彼が、被爆地に送り込まれていたとみられる。

彼が戦後、インタビューに答えた証言音声[81]が残されていた。

そこで目にしたのは酷《ひど》い被害だった。駅舎は崩壊し、金属製のものは全てへし曲げられていた。列車はひっくり返っていた。（中略）遺体が集められていた場所に行くと、「お母さんを助けて」という子どもの声が聞こえた。

音声では、地元の人から残留放射線の被害とみられる実態を聞いたとも明かしている。

街中では恐ろしい病気が蔓延《まんえん》しているから行かないほうがいいと言われた。（中略）数メートルの高さの瓦礫《がれき》の上に、灰が積もっていた。後で聞いた話だが、爆発の瞬間、地面から砂埃が舞い上がり、空中で浮遊した後、降下したとのことだ。

イワノフは軍の諜報員であり、科学的知見をどこまで持ち合わせていたかは定かではない。だが報告書を見れば、ソ連が広島・長崎の被害をどう捉えたか、その一端が明らかになるのではないか。彼がまとめたとされる報告書は、これまで見つかっていない。所蔵されている可能性があると言われている機関の一つが、ロシアの国防省だ。今回私たちは、繰り返しアーカイブでの資料調査ができないか交渉したが、認められることはなかった。

ついに報告書を入手したが……

謎は謎のままで終わってしまうのか……しかし、取材を進めていくと、その後もソ連による被爆地の調査が行われ、報告書にまとめられていたことがわかった。入手できたのは、一九四五年九月に作成された報告書[82]と、翌年九月に作成された報告書[83]だ。

一九四五年九月の報告書では、一四日に広島に入り、一六日には長崎でも調査。広島赤十字病院を訪れて火傷を負った人や、脱毛した人を目撃したことや、原爆投下後に入市した人が下痢を起こしたと聞いたと記されている。

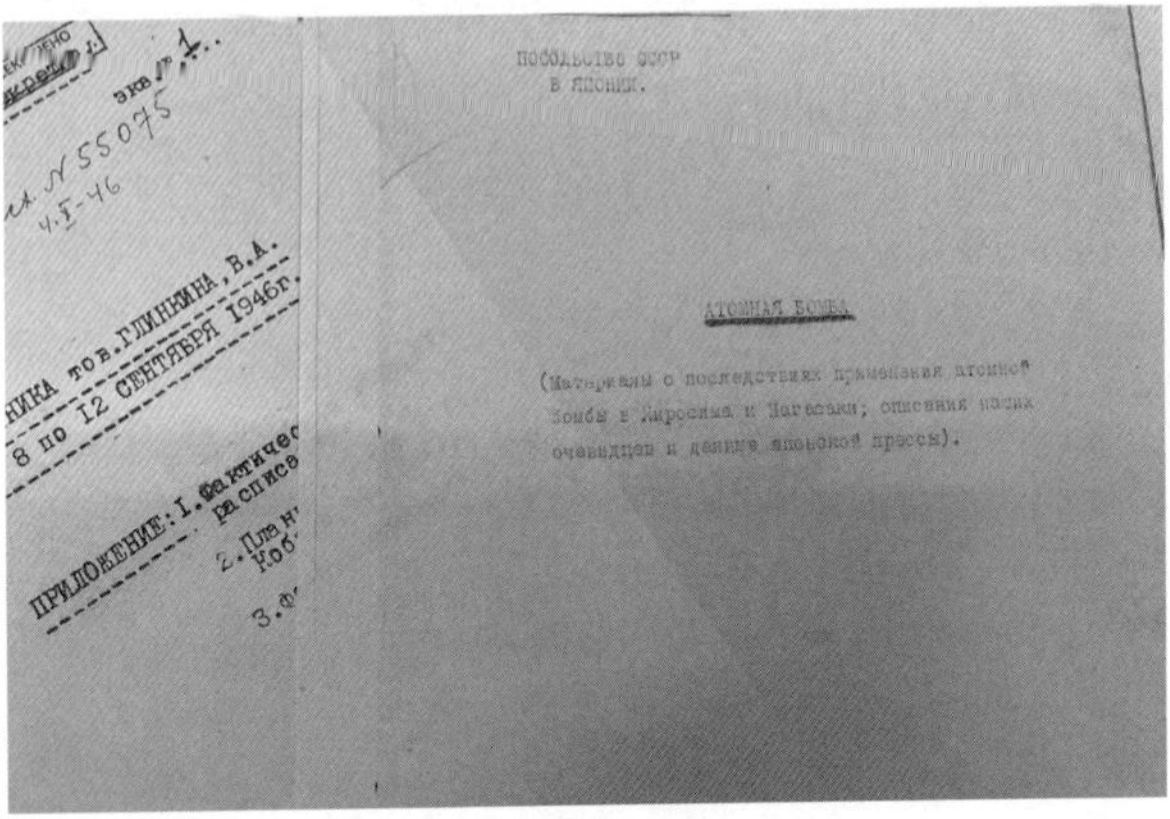
ПОСОЛЬСТВО СССР
В ЯПОНИИ.

АТОМНАЯ БОМБА

ТОВ.ГЛИНКИНА,В.А.
8 по 12 СЕНТЯБРЯ 1946г.
ПРИЛОЖЕНИЕ: I.Фактичес

ソ連による被爆地調査の報告書

しかし、なぜかこうも報告されていた。

日本の報道機関の報道には、爆心地では今後七〇年間、植物は何も育たないだろうなどという情報があった。我々調査員は、広島の至る所で、爆心地でさえも、草が生え始めていることを確認している。（中略）

爆発の破壊力や、事後にその影響がいつまで残るのかに関しては報道が誇張されすぎている。巷の噂が報道内容を歪曲し、時に不条理な情報を生み出している。〝爆発のあった地域に行くと、今でも命の危険がある〟などという噂まで広がっている。

アメリカのように、被爆地に残り続ける残留放射線の影響を否定するような記述だ。さらに、翌年九

月の報告書でも、

圧倒的多数の人の場合、亡くなったのは早期に医療支援を受けられなかったせいだ。

（中略）

書かれていたほど恐ろしい状況ではないようだ。


このように記され、原爆の被害を過小評価する記述が目立った。

調査員の多くが「スパイ」だった

なぜ、こうした報告が作成されたのか。

報告書に記された人物の名前をピックアップし、所属や経歴を調べてみることにした。

「ロマノフ　駐在武官」「ソニン　諜報責任者」「グリンキン　ＧＲＵ」……中心となって調査に当たっていたのは、イワノフのように、軍人やＧＲＵ（参謀本部情報総局）の諜報員、つまりスパイだとわかった。ソビエトの諜報機関というと、プーチン大統領の出身母体でもあるＫＧＢ（国家保安委員会）が日本では有名だが、ソ連は軍にも諜報機関を持っている。

それにしてもソ連のスパイとは、まるで映画のようだが、まさか原爆初動調査に関わっていたとは。

いキも存命の調査員や、遺族はいないだろうか。半年近くにわたって調べたが、どこに住んでいるかはおろか、連絡先すらほとんど割り出すことはできなかった。諜報員は偽名を使うケースも多く、家族の情報を調べることも困難を極めるという。

ロシアでは二〇二〇年に日本の通信社の記者が拘束されるなど、外国メディアへの監視が厳しくなっている。諜報員の取材は断念せざるをえないのか……日本やアメリカなど、いわゆる西側諸国とは、あまりにも取材環境が違うと実感した。

ただ、一縷の望みがあることがわかった。当時ソビエト連邦に属していたウクライナで、調査に関わり、報告書をまとめた軍人の遺族が健在だというのだ。

報告書に書けなかった記述

ウクライナの首都・キーウから南に約二〇〇キロ、豊かな穀倉地帯が広がるコセニフカ村にラリーサ・トロヒーメンコさんは暮らしていた。

「コンニチハ」

日本語で挨拶してくれたラリーサさん。農作業の手を止めて私たちを石碑に案内し、赤い花を手向けた。石碑には顔が彫られていて、それが叔父にあたるクズマ・デレビヤンコだっ

ラリーサ・トロヒーメンコさん

た。彼を探し出すきっかけとなったのが、戦艦ミズーリの甲板で行われた日本の降伏文書調印式の映像だ。そこに、ソ連代表として出席する彼の姿が映っていた。

デレビヤンコは、連合国による占領管理機関として設置された対日理事会、そのソ連代表を務めた人物だった。当時のソ連の指導者・スターリンからその外交手腕を評価され、「スターリンの代理人」とも言われていた。

彼は一九四五年九月二七日付けで本国に原爆被害について報告書をまとめている。被害を過小評価した記述があった一九四六年九月の報告書も、彼の指示で部下がまとめたものと見られる。

ラリーサさんのもとには、デレビヤンコが記した直筆の手帳が残されていた。そこには、報告書の記述とは違い、「広島での原爆被害がすさまじい」と書かれていた。

ラリーサさんは叔父の心境を慮《おもんぱか》った。

「デレビヤンコは、（被爆地の被害を）目にして平気ではいられなかったと思いますし、被爆地にいては危ないと分かっていたと思います」

日本から帰国後の一九五四年、デレビヤンコは、膵臓《すいぞう》癌で死亡している。残留放射線の影響かどうかは全くもって不明だが、ラリーサさんはこう語った。

「脱毛が始まって他にも不調があるようでした。原爆投下から間もない時期に被爆地で調査したことが原因だろうと思っています。軍人なのだから、命令を受けて行ったのです。選択肢などありませんでした」

　ラリーサさんは、インタビュー中、何度も言葉をつまらせた。

　私たちは、原爆初動調査についてのさらに詳しい資料がないか尋ねたが、手元にはほとんど残されていないとの答えだった。

　戦後、遺族のもとに、デレビヤンコの本を出版したいという人物がやってきて、原爆調査に関わる資料を持っていったが、結局、本は出版されることはなかったという。ラリーサさんたち遺族は、当局の関係者だったのではないかと疑っている。資料は今も返却されていないというのだ。

　その疑惑どおりだとするなら、広島・長崎での初動調査の結果に、ソビエト指導部がいかに神経を尖らせていたかを示すエピソードなのではないか。スパイたちが投入された調査の「闇」を感じざるをえなかった。

「報告書を読む側の政治的な要求で」

ラリーサさんに話を聞けたことで、私たちはますます、その秘密のベールを剝がしたいという気持ちが強くなっていった。

ロシア国立公文書館や国立社会政治史文書館などで、閲覧が許された文書を読みあさったが、結局、スターリンら指導部が、報告書についての見解を直接示した資料を見つけることはできなかった。

そこで、入手した報告書を専門家に分析してもらうことにした。ロシアでは近年、当局の目を気にして、外国メディアの取材を避ける識者も少なくないといわれる。取材を受けてくれる人が見つかるだろうか……。幸い、スターリンの政策を研究する歴史学者のニキータ・ペトロフさんに取材を打診すると、快く応じてくれることになった。

入手した報告書の原爆被害を過小評価する記述を見せると、ペトロフさんはこう語った。

「報告書はソ連が原爆を恐れていないことを示しています。これはスターリンが当時個人的な会合で『原爆は報道されているほど恐ろしくない』と語った政治方針に沿ったものでした。調査員には、報告書を読む側の政治的な要求を満たすことが求められたのです」

スターリンによる政治的要求とはいったい何なのか。

ニキータ・ペトロフさん

第二次世界大戦末期、ソ連は日ソ中立条約を破棄して、長崎に原爆が投下されたのと同じ八月九日に満州に侵攻した。いわゆるソ連の対日参戦である。

終戦後、ソ連とアメリカは、日本の占領をめぐってどちらが優位に立つか緊張関係にあった。敗戦した日本の占領地を管理したいスターリンは、原爆を持つアメリカと対等な立場であることを望んでいた。それゆえ、日本の敗戦理由は、ソ連の対日参戦の役割が大きく、原爆だけが理由ではないと国内外に示す必要に迫られていたというのだ。

「アメリカの原爆が全てを決めたということは、ソ連にとって腹立たしいだけでなく、不利益でもあるのです。とにかく『私たちは戦い抜き、関東軍を打ち負かした』と主張する必要がありました。

まだ自分たちが保有していない原爆は張り子の虎にすぎない、つまり、アメリカ側からの外交上、軍事上の脅しの道具だという立場を貫かねばならなかったのです」

私たちは同じような構図をすでに見ている。アメリカのウォレン大佐は、上官であるグローブス少将の意向に応えるかのように、人体への影響を否定する報告書を提出した（第4章参照）。戦後、激しく対立し、核開発競争を繰り広げていくアメリカとソ連。初動調査で被害の実態を握りつぶした点において、政治的な共通点を見る思いがした。

「データが改竄されていても気にしない」

ソ連はその後、アメリカに追いつくために核開発を急ピッチで進めていく。一九四九年には核実験に成功。五〇年代にはアメリカに対抗して水爆実験も成功させた。

核を求め続けた世界は、「核の平和利用」の名の下に、原子力発電所の建設も進めていった。しかし一九八六年、ソ連は、広島・長崎以来最悪の、放射能汚染問題に直面する。原子炉から出た大量の放射性物質が外部に拡散したチョルノービリ原子力発電所の事故だ。

その時の医療対策責任者を務め、長く核政策にも関わってきた、ロシアの放射線衛生学の権威がいることがわかった。レオニード・イリーン博士。九三歳にして、今なお、ロシア連邦医学生物物理学研究所の名誉所長を務めている。

レオニード・イリーン博士

ソ連の初動調査を担ったのは、軍人や諜報員たちだ。一方で科学者たちは、広島・長崎での原爆の残留放射線をいったいどう考えてきたのか、交渉の末、インタビューに応じてくれることになった。

イリーン博士の執務室に入ると、机にはロシア国旗、額縁にはプーチン大統領と一緒の写真も飾られていた。

まず、広島・長崎の原爆についてどう思うのか、聞いた。

「どうやっても正当化されないアメリカによる行為です。軍事的必要性が全くなかった時に、何の罪もない人々を殲滅《せんめつ》する行為でした。これが、この行為に関する私の確固たる意見です」

アメリカを強く批判するイリーン博士。ではアメリカが調査結果を隠蔽し、残留放射線は「ない」としたことについてはどうなのか。

「もし地上で爆発が起きるのなら、放射能汚染は非常に大きくなります。放射性の灰が降る時に、その線量は非常に高くなります。もし空中で爆発する場合は、放射性物質は、大気に乗って通り過ぎたので、降り注いだ量はごくわずかです」

なんと、アメリカ政府の公式見解と同じ認識だった。

実は、ソ連が核開発を進める中で、科学者たちがバイブルにしていたとされる「ある文献」の存在がわかった。『原子兵器の効果』。一九五〇年代、アメリカ政府によって発行された核戦争の民間防衛対策マニュアルで、ロシア語にも訳されている。この中で、高い位置で爆発させれば、残留放射線の影響はほとんどないというオッペンハイマーの解説が記されていた。

「アメリカの認識と同じなのでしょうか？」

私たちがこう問いかけると、質問をさえぎるように博士はこう続けた。

「分かりましたよ、被害のデータを低く見積もったということですね？　残留放射線については、データが高く見積もられていても、低く改竄《かいざん》されていても私は気にしません。私たちがチョルノービリの大惨事を調査した時もそうでしたが、放射線の値を引き上げたり引き下げたりする問題は、かなり恣意的なものでした。例えばストロンチウムの汚染度など全て恣意的に決定していたと非難されたものです」

データが恣意的に操作されていても仕方ないという見解には、唖然とするしかなかった。
イリーン博士が最初に答えたように、ソ連、そして今のロシアは、アメリカによる広島・長崎への原爆投下を非難し続けてきた。取材のきっかけとなった、ソ連の初動調査の映像も、寄贈されたのが二〇一六年五月のオバマ大統領の広島訪問の直後だったため、アメリカの原爆投下の責任を強調する狙いがあったとも言われる。
アメリカを非難しながら、残留放射線の影響を否定し、核開発を続けるロシア。その姿勢は二枚舌ではないかと、イリーン博士に問うた。
「アメリカが、一九四五年にはすでにロシアへの核攻撃を考えていました。もし私たちが独自の核兵器を開発していなかったら、今、私たちはここにこうやって座っていることもなかったでしょう。この質問に対する答えは非常に単純なのです。私たちには、潜在的な敵国と対等になる必要があったのです」

残留放射線による影響で苦しんできたと訴える人たちを取材してきた私たちにとって、到底受け入れられる答えではなかった。

第12章
被ばくした駐留兵と「共犯者」となった科学者

原爆投下直後に被ばくしたのは日本人だけではない。駐留した米兵にも被ばくが相次いでいた。だが残留放射線の影響についてのアメリカの論理はいまだ変わらず、「低出力核兵器」という新たな脅威に結び付こうとしている。

アメリカでも「残留放射線」の被害の訴え

九四五年、連合国軍が安心して駐留するために「残留放射線の影響はない」とされていた広島と長崎。しかし取材をすると、広島や長崎に駐留したアメリカ兵の中にも、残留放射線による被害を訴えている人たちがいた。

アメリカ軍に所属していた時に被ばくしたと、健康被害を訴える約一万人の退役軍人が登録しているNational Association of Atomic Veterans（NAAV）。問い合わせてみると、ほとんどの元兵士が亡くなっていたが、長崎での駐留で被ばくした数人に取材することができた。

その一人、コネチカット州在住のアンドリュー・シリラさん（九四歳）は、一九四五年九月一七日から二四日まで長崎に駐留した。当時一七歳で、海軍の水兵として荷物や貨物を運搬し、任務の空き時間に仲間と被爆地を見て回った。

「残留放射線のことなんて誰も知らなかったし、軍も何も教えてくれなかったんだ」

アメリカに帰国したあと、歯茎がガムのように柔らかく変化して出血が始まり、大腸や腹部、背中などあらゆる部分に癌を発症し、闘病生活を余儀なくされた。

残留放射線の影響で「癌」が発症したと軍に訴え続け、ようやく補償を受けられるようになったのが一九九五年だった。

「被ばくの影響と認められるまで、五〇年もかかったんだよ」

半世紀も認められなかったことに、悔しさをにじませていた。

アラバマ州在住のジョン・バンクストンさん（九四歳）は、一九四五年九月二三日から海兵隊員として長崎に入り、被爆地で野営しながらパトロールの任務にあたっていた。廃墟と化した工場の跡地や、爆風と熱線で焼け焦げた山々、爆心地付近で発見された骸骨を指さす米兵たちの様子など、原爆の爪痕《つめあと》が生々しく残る長崎の姿を写真に残し、いまも鮮明に覚えていると語った。

その後、佐世保、福岡と駐留地を移す中、福岡で全身に激痛が走り入院した。次々と原因不明の症状を発し、苦しんだという。長崎に入るにあたって、放射能について何か説明を受けたかと尋ねた。

「そんなものは全くない。それどころか、『放射能』という言葉すら誰も知らなかったんだから」

帰国後は、皮膚癌や甲状腺機能低下症に悩まされ、帰国後に生まれた子ども二人は、零歳と一二歳で早世した。バンクストンさんが「被ばく」を政府から認められたのは二〇一一年。終戦から六六年後だった。

「軍は六〇年以上にわたり、駐留兵を被ばくさせた責任を否定してきた。恥ずべき行為だ」

長く怒り、苦しんできたバンクストンさんは、私たちが取材した四か月後、二〇二〇年七月に亡くなった。


フロリダ州在住のジェームズ・スネレンさん（九四歳）は、一九四五年九月一七日から二三日まで、海軍兵士として長崎に入り、アメリカ人捕虜のケアや、連合国軍の支援活動を行った。非番の時は、仲間と共に被爆地を歩き、記念品になるものを探していたという。残留放射線のことは全く聞かされておらず、むしろ心配するなと言われていた。

ジェームズ・スネレンさん

帰国後、スネレンさんと同じ時期に長崎に駐留していた同僚が、次々と亡くなった。上官は「白血病」で、砲術将校は「胃癌」で、残留放射線の影響と思われる症状が死因だった。

そしてスネレンさんも、何度も皮膚癌を発症。長崎での任務が影響していると医師から診断され、政府に訴えているがいまだに認められていない。

「日本へ投下した原爆で、残留放射線は発生しない」ことを公式見解としたアメリカ。その後も残留放射線の脅威を隠し続けたまま核実験を続け、多くのアメリカ兵が被ばくした。これまで核実験に関わった兵士は二〇万人以上いるとされるが、そのうち何人が被ばくしたのかは、今も分かっていない。

「共犯者」となった科学者

原爆初動調査に関わった医師や科学者は、その後、どのような人生を送ったのか。私たちは、「マンハッタン管区調査団」で、スタッフォード・ウォレン大佐と一緒に広島を調査した放射線科医、ジェームズ・ノーラン大尉の孫を取材することができた。

孫は、ニューヨークから電車で三時間北上し、さらに車で一時間半移動したところにあるリベラル・アーツ系の大学で社会学の教授をしていた。そして、孫の名前も祖父と同じ、ジェームズ・ノーランだった。

孫のノーラン教授は、私たちに「マンハッタン管区調査団」が広島で原爆初動調査を行っている時の写真を見せた。

「これが祖父です」

それは、広島の被爆者を収容していた施設で都築正男医師が、調査団の班員を案内し通訳している写真だった。

「この写真で印象的なのは、祖父が厳しい表情をしているところです。そこで目の当たりにしたことの重大さ、事の大きさを感じ取っている目をしています」

祖父のノーラン大尉は「マンハッタン計画」の初期メンバーで、放射線科医だけでなく産婦人科医として、原爆開発の拠点の町ロスアラモスで多くの出産に立ち会った人物だった。

人類初の核実験・トリニティ核実験が始まる前、彼は残留放射線の影響を懸念した。周辺地域の住民や実験に参加していた軍の兵士のために安全な避難計画を立てるべきだと提案書を作成し、グローブス少将に直訴《じきそ》していた。

しかし提案書を読んだグローブス少将から「ニューメキシコ州の周辺地域に避難計画を示したら、この実験のことを知られてしまうだろう。私は安全保障と機密を第一に考えている」と言われ、ノーラン大尉の立てた避難計画は無視される結果となった。

ノーラン大尉は、当時の空気を次のように振り返っている。

当時、「マンハッタン計画」を主導したグローブス少将はライフルの照準のような（狭い）視野で、機密を重視する軍の視点でしか物事を見られず、放射能の問題は二の次だった。また科学者たちも、原爆開発の途上で、物理学の分野で新たな発見が次々と見つかる中、その「科学的発見」と「技術革新」でしか物事が見えておらず、この核エネルギーの長期的影響や社会的、倫理的影響については誰も考えることはなかった。

その後ノーラン大尉は、トリニティ核実験に参加することはなく、広島に投下する原爆「リトルボーイ」のウランを監視しながら輸送する極秘任務を命じられ、テニアン島まで移動した。原爆投下後は、広島の原爆被害を調査する「マンハッタン管区調査団」の一員とし

ノーラン大尉の孫のジェームズ・ノーラン教授

て参加した。

グローブス少将が一一月二八日に上院原子力特別委員会で証言（第4章参照）する前日、グローブス少将に渡した報告書の作成にもノーラン大尉は関わっていた。

孫のノーラン教授は、この報告書で「少量であったが残留放射線はあった」と記録を残すのが、軍に対しての精一杯の抵抗であったと読んでいる。そして、軍という組織を意識して科学的事実を公表できず警鐘を鳴らせなかった祖父の立場をこう語った。

「祖父をはじめとした『マンハッタン計画』に関わった医師や科学者は、非常に難しい立場に置かれていました。彼らは、原爆を使用すると残留放射線が残るという事実を憂慮し、何度も何度も警鐘を鳴らしましたが、軍は過小評価するか、あるいは完全に無視しました。

そして、グローブス少将は、医師や科学者の〝都合のいい意見〟だけを取り上げ、『医師たちがこう言っています』などと証言して、医師や科学者の専門性を都合よく利用したのです。つまり残念ながら、医師たちも『共犯者』になってしまっていたのです。

この時代、医師や科学者には政治的圧力がかかっており、科学的・医学的知識の生産は、純粋な科学・医学ではありませんでした。政治的な力や文脈とつながっていて、それが通念となり社会全体に影響を及ぼしていたのです。

祖父の残した書類の中には『本件に関して口外しない』ことに署名させられ、原爆の情報を口外しないことを誓わされたものがありました。原爆に関係することは秘密の任務であり、機密情報を扱っているとすり込んで、口外すれば何らかの制裁があると思わせていたのです」

祖父から日本の原爆調査の話を聞いたことがあるか尋ねると、ノーラン教授は「一度だけあります。祖父は、想像を絶する惨状以外の何ものでもなかったとひと言だけ答え、それ以上語ろうとしませんでした」と答えた。その時の様子を見て、祖父が深い苦悩にさいなまれていたことを知ったという。

原爆初動調査から帰国後、ジェームズ・ノーラン大尉は軍をやめ、癌の研究者として生きる道を選んだ。そして産婦人科で癌を患った女性を放射線で治療し、患者の命を救うことに残りの人生を捧げた。

「祖父は、戦後ネバダで核実験を繰り返す記事を読むたび、アメリカが核実験を続け、自国の兵士や作業員を被ばくさせていることを憂慮しこう嘆いていました。

『あいつらは核の恐ろしさを分かっていない』」

第13章

七八年前の論理がもたらす核の脅威

変わらぬ「残留放射線」の論理

原爆投下直後、隠蔽された広島・長崎の「残留放射線」の実態は、アメリカの核戦略に、どのような影響を与えてきたのか。

日米関係史を専門とし、核開発と被爆者の歴史を研究してきた奈良大学の高橋博子教授は、アメリカの「ある本に書かれた公式見解」が、その後、核兵器の効果を検討する際に参照されていると、年季の入った本を私たちに見せてくれた。

本のタイトルは『原子兵器の効果』[84]。一九五一年にアメリカ国防省と原子力委員会、それにロスアラモス科学研究所によって制作された本で、掲載された検証データの多くは、核兵器が戦争に使用された唯一のケースである広島・長崎での調査結果が基になっているという。

注目すべきは「空中爆発による放射性汚染」に記載された次のような見解だった。

高空で空中爆発が起ると、核分裂生成物は長い間細かに分離した状態に止り、その間

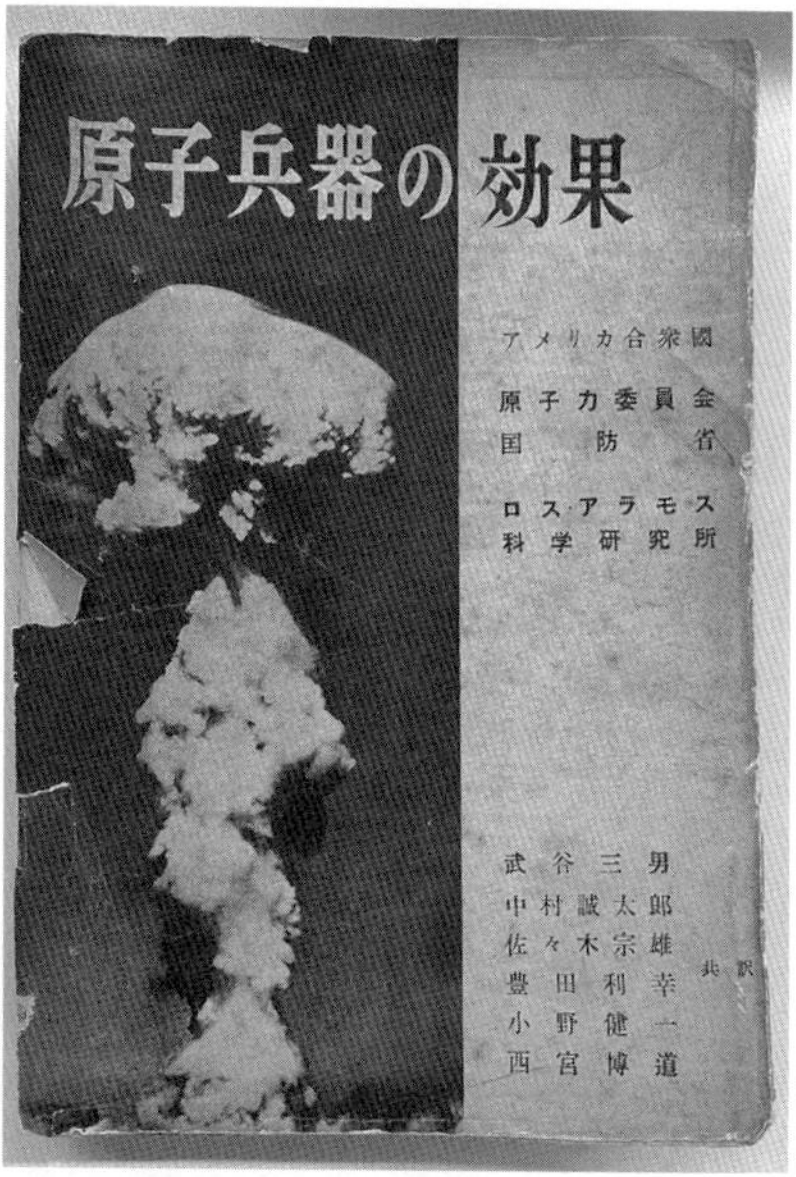

に崩壊を続けるであろう。それらの微粒子も遂には地上に降りて来るだろうが、その時には極めて広い範囲に分散しているし、放射能も充分弱くなってしまっていて、健康に対する危険という点から見れば、無視することが出来る。勿論めったに吹かないような風とか、事によったら雨雲など、特殊な気象条件によって、ある特定の地域に多量の放射性物質が沈積するということはあるかも知れない。しかし、そんなことが何時もあるとは考えられない。

この内容は、一九四五年にオッペンハイマー博士がトリニティ核実験場で記者会見[85]した際の説明、そしてグローブス少将が上院原子力委員会で繰り返し強調していた発言と同じではないか。日本の原爆投下で残留放射線が発生しなかったとする理由と、同じことが書

The Effects of Nuclear Weapons

Compiled and edited by
Samuel Glasstone *and* Philip J. Dolan

Third Edition

Prepared and published by the
UNITED STATES DEPARTMENT OF DEFENSE
and the
UNITED STATES DEPARTMENT OF ENERGY

1977

かれていた。

こうしたアメリカの残留放射線に関する公式見解が、その後どのように変化していったのか。『原子兵器の効果』の出版から二六年たった一九七七年に、アメリカ国防省とエネルギー省が原爆の影響についてまとめた公式見解「The Effects of Nuclear Weapons」を入手し、読み込んだ。

出版された一九七七年には、世界はすでに「残留放射線」の影響の深刻さに気付いていた。第五福竜丸事件などが起き、核実験が行われるのは地上から地下へと移り変わっていた。

しかしアメリカの公式見解は、変わってはいなかったようだ。本に設けられた「RESID-UAL NUCLEAR RADIATION AND FALLOUT（残留放射線と放射性降下物）」の項目では、核兵器が地表や地下で爆発した場合は初期放射線とともに残留放射線が大量に発生するために考慮する必要があるが、空中高い位置で爆発した場合には、爆発直後に放射性物質は地面に到達しないほどの高さに上昇し、その後大気中に分散していく。

と、一九五一年と全く同じ説明になっていた。

原爆投下後、四半世紀以上がたっても変わらなかったアメリカの残留放射線の公式見解。奈良大学の高橋教授は、アメリカは水爆による核実験で発生した残留放射線の影響などは認めたものの、広島と長崎の原爆の残留放射線の影響については決して認めず、高い高度で爆発すれば残留放射線は発生しないという公式見解がいつのまにか既成事実になったと指摘する。それが戦後一人歩きし、アメリカの核戦略を支える結果になったと。

原爆初動調査での調査結果の隠蔽。それに伴って生まれたアメリカの公式見解。核開発を優先させるための都合のいい論理が、その後の世界にどれほどの影響を与えただろうか。

アメリカは今、「低出力核」の開発・製造に力を入れている。「低出力核」とは、威力を日本に投下された原爆の三分の一程度に抑えた核兵器のことで、有事の際、局地的な攻撃に使える核兵器とも呼ばれている。二〇二〇年二月には、アメリカのトランプ政権が「低出力」核弾頭を搭載したＳＬＢＭ＝潜水艦発射弾道ミサイルを実戦配備したと報道された。

この「低出力核兵器」を使用した場合の科学的効果を検証するにあたっても、一九七七年にまとめられた「The Effects of Nuclear Weapons」が参照され、残留放射線の見解も踏襲されたのではないか——専門家の中からはそうした意見も出た。

果たして七六年たった今でも、「公式見解」は影響しているのか。私たちは、アメリカの核戦略策定に関わっている、もしくは関わった政府関係者にインタビューを試みることにした。

「低出力核兵器」の背後にあるもの

二〇二一年一月に政権交代が行われ、核戦略や核戦力態勢を定める文書「核態勢見直し（NPR）」の策定に向けた動きが始まったばかりで、アメリカ国内でインタビューに応じてくれる人物はなかなか見つからなかった。

そうした中、前トランプ政権下で安全保障政策を策定したキーマンが取材に応じた。エルブリッジ・コルビー元国防次官補代理。二〇一八年、トランプ政権下でアメリカの国家防衛戦略をとりまとめ、現在は、アメリカの外交・軍事・経済戦略を考案する団体「マラソン・イニシアチブ」の代表を務めている。

コルビー氏がトランプ政権の中枢で政策立案に関わっていた二〇一八年当時、トランプ政

エルブリッジ・コルビー元国防次官補代理

権は、オバマ政権の核戦略を大幅に転換する「核態勢見直し（NPR）」を発表した。特に注目を集めたのが、核兵器の使用基準をめぐる表現を「核攻撃を抑止することが核兵器の唯一の目的ではない」として、核兵器の役割を再定義したことだった。そしてこの発表を機に、核爆発の威力を抑えた「低出力核」の導入を決め、核戦力増強へと舵を切った。

　インタビューは、ワシントンDCのホテルで行われた。コルビー氏は、時間通りに颯爽《さっそう》とインタビュー場所に現れた。かつて日本にも住んだことがあり、日本の憲法下の自衛隊の役割や同盟国として果たすべき責務など日本の安全保障を取り巻く環境に非常に造詣が深く、軽く雑談を交わす中で、政策通としての顔をのぞかせた。

　まずは核兵器の役割の方針転換について質問すると、次のような答えが返ってきた。

「今後一〇年間で中国は核兵器の数を倍にすると言われています。それがアメリカ戦略軍の分析です。私の印象では、中国はアメリカの核兵器の先行使用を抑止するためにアメリカと同じように核兵器を保有することで、アジアの覇権を握ろうとしていると思います。

そのため、アメリカはいま、特に中国と覇権争いをしている状況です。大国である中国に立ち向かわなければならず、戦争を抑止するための〝準備〟が必要でした。そのための選択肢として低出力核兵器の配備が本格的に議論されようとしています。

この配備に向けた議論はもとを正せば、冷戦時代、大国間の核兵器開発競争が激化する中、戦争へとエスカレートした場合に、世界が滅亡しない程度に核兵器を利用するという選択肢が議論されたところに端を発します。二〇一八年の『核態勢見直し（NPR）』は、以前からアメリカ国内にあったそうした核兵器のニーズを復活させ、より明確化したと言えます」

コルビー氏の語る「世界が滅亡しない程度に核兵器を利用する」という表現からは、安全保障上のカードのひとつとして「核兵器」をとらえていることがよく分かる。一方、広島と長崎の惨禍と被爆者のその後の苦しみを知っている立場からすると、とても冷酷な表現だと恐ろしささえ感じる。

バイデン政権になってアメリカの核戦略は変わるかという点について彼に聞くと、表向きの政治的なプレゼンの仕方はやや変わっても、大きな流れは変わらないだろうとの見方を示した。そして、日本は軍事費を増やしアメリカのパートナーとして中国の脅威に対抗すべきだと強調した。

では、核兵器を使用した場合、必ず発生する残留放射線について、どのように考えているのか。コルビー氏は「核兵器の目的はあくまで抑止であり、核兵器を簡単に使用しようと思っている人はいない」と念を押した上で、こう答えた。

「私はネバダで行われた核実験場に行ったことがあります。アメリカは、原爆を爆発させたらどうなるかについて膨大な量の情報を収集しました。そのため残留放射線のこともよく理解しており、低出力核の限定的使用についても、もちろん残留放射線による汚染は望みませんから、その影響について考慮しています。

残留放射線の発生する量は、爆発させる位置で状況が変わってきます。例えば、地中で爆発させたら放射性物質に汚染された土が空中に舞い、より多くの残留放射線が発生しますが、それに対して、空中で爆発させた場合は、残留放射線が最小限で済みます。空中で爆発させる高度が非常に重要です」

コルビー氏の語った論理は、七六年前、グローブス少将が残留放射線を否定した際に利用した発言から変わらないアメリカの公式見解だった。

しかし、七六年たった今も苦しんでいる人たちがいる。例えば残留放射線の影響については気象条件などによっても変わるとアメリカ側も述べており、その問題はより真剣に考慮されなければならないのではないか。放射線の影響によって苦しんでいるとみられる多くの人たちがいる事実をどう考えるのか。改めて尋ねたところ、やはりグローブス少将と同じような「論理のすり替え」が起きた。

「原爆の影響で、今も被爆者が苦しんでいるのは酷いことだと思います。しかし、原爆が投下されたことには理由があります。我々は、人類史上最大の戦争の最中にありました。これは、日本が始めたものです。日本の強欲な残虐行為がきっかけで、連合国側は参戦したのです。

もちろん、原爆は人を苦しめる残酷な兵器ですが、それはアメリカが日本に対して行った八〇都市を壊滅させた膨大な空爆の一部にしかすぎません。私は連合国軍が日本本土に上陸して侵攻を行うべきだったとは思いません。連合国軍の兵士も死んだでしょうし、何よりも、もっと多くの日本人が死んでいたでしょう。もし、誰かがこの苦しみを負わなければいけなかったのだとしたら……」

コルビー氏は少し沈黙したあと、再び語り始めた。

「国の利益を守る一番の方法は戦争を始めないことです。これまで、核兵器は戦争を終わらせ、戦争を抑止してきました。私はこの核兵器の果たしてきた役割に目を向けることが重要だと思います。ひどい兵器ですが、お互いの国にとって核兵器は必要です。
核兵器は〝諸刃《もろは》の剣〟というのが本質です。私はアメリカの核兵器は平和のための武力であると思っています」
コルビー氏のインタビューは約一時間に及んだ。帰り際、「アメリカで核に関わる人たちはみんな真剣にこの兵器とその被害のことを考慮しているので心配しないでほしい」と言って去っていった。
結局、残留放射線について何も知らされずに亡くなった被爆者の声は届かぬまま、核兵器開発の歴史は上塗りされ続けている。その現実を突きつけられたインタビューだった。

七八年前の「原爆初動調査」。それによって収集された事実が明らかにされていれば、被ばく（残留放射線）への認識は変わっていたのではないか。

核開発という国家の目的のために調査は隠蔽され、そしてその論理は再びいま、新たな脅威を世界にもたらしかねない。

理由も分からないまま亡くなっていった多くの人たちのことを、七八年前のことだと放置しておいていいのか。

そこに核兵器があるかぎり、広島・長崎の被爆者たちの痛みは、過去のものではないのだ。

あとがき

NHKスペシャル「原爆初動調査」取材班　ディレクター
佐野剛士

私の曾祖父は被爆者である。一九四五年八月六日、山陽新聞（当時、合同新聞社）の記者だった曾祖父は、爆心地から一キロメートルあたりにある下流川《しもながれ》（旧地名）の広島支社へ出勤途中に被爆した。爆風で一〇メートルほど吹き飛ばされ、そこがたまたま頑丈な建物で奇跡的に助かった。一緒に歩いていた親戚二人は、一人はガラスが全身に突き刺さり死亡。もう一人は、腹を裂かれ飛び出した腸を抱えて現場から離れようとしたが死亡したという。その後、曾祖父は〝原爆病〟と診断され入院。四〇度近い熱が一年近く続き、腎臓を一つ摘出。死の淵をさまよう日々が続いた。そして雷が光りとどろくとあの瞬間を思い出し、体全身が震えるＰＴＳＤに苦しんだ。

私が幼い頃に膵臓癌で亡くなったため被爆体験を聞くことはなかったが、「生涯、闘病生活で大変だった」と祖母から聞かされた言葉が心にひっかかっていた。戦後七〇年以上たち、曾《ひ》孫にあたる私が広島で原爆病に関係するテーマを取材するようになったことに、何かの縁を感じる。

本書は、二〇二一年八月九日に放送したNHKスペシャル「原爆初動調査　隠された真実」の内容に、取材を通じて知りえた事実を大幅に加えて書籍化したものである。

戦争という過ちを二度と繰り返してはならないと、毎年夏に制作される戦争関連の「NHKスペシャル」。そのラインアップには、必ず「核」をテーマにした内容が入っており、NHKスペシャルの前身にあたる「NHK特集」から数え四〇本を超えている。

例えば「原爆資料館の遺品」や「原爆の絵」の背景にある被爆者の体験から、きのこ雲の下で何が起きたのかに迫る番組。研究機関や政府の残した資料からあの日の全貌を、組織に所属する人間の視点から立体的にひもとく番組。「科学」や「物理」の目線で核爆発時の一〇秒間に何が起きたかを徹底分析する番組。「人類と核」について作家・大江健三郎が対話し思索する番組など、多岐にわたる。

ちなみに残留放射線の実態に迫った番組は、一九八七年の「救援～ヒロシマ・残留放射能の42年～」。二〇〇八年の「見過ごされた被爆～残留放射線　63年後の真実～」。二〇一二年

「黒い雨～活《い》かされなかった被爆者調査～」。今ほど残留放射線への認識が高くない時代から問題意識を持ち、その真相に迫り続ける秀作である。

番組をみると、広島・長崎の「被爆の実相」をどうすれば伝えられるのか、被爆者と向きあい、膨大な資料を読み込み、世界の研究者の知恵を借りながら「演出・分析・世界観」に工夫を凝らす道筋がみえてくる。番組を担当した先輩に話を聞き、残された資料をみると、通った跡に草木も残らないほど取材しているのが分かる。

今回制作した「原爆初動調査　隠された真実」では、原爆投下後に行われた日米の残留放射線の調査に焦点を当てた。これまで発掘されている広島・長崎の膨大な日米の調査記録をベースに、従来注目されていなかった「原爆初動調査」に携わった科学者や医師の遺族を探した。生々しい被爆の現場を目の当たりにした実感を手記などから知ることができないかと考えた。さらに、デジタルアーカイブの発達でアクセスできるようになった日米の地方の公文書館も活用し、埋もれた資料はないか洗い直した。

取材を重ねる中で見えてきたのは〝核開発を進めたい国家の思惑〟だった。特に残された機密資料には、被爆の実態を巡り、科学と政治が複雑にからみあった痕跡が刻まれている。例えば、科学者や医師が原爆の残留放射線の実態を〝懸念〟していたにもかかわらず、当時の科学や医学で十分に解明できなかったために「残留放射線の影響はなかった」ことにされていた実態や、都合の悪い事実を国家機密として隠蔽し、国民が「無知」なままでいるように意図的に情報をコントロールしていた国家とマスコミの関係も浮かび上がってきた。そして、こうして作りあげられた広島・長崎における原子爆弾の影響の〝実態〟は、その後、世界各地で頻繁に行われた核実験を正当化する大きな根拠となり、原爆初動調査の検証結果が、その後の核の歴史にいかに大きな影響力を与えているのかを思い知らされた。

一方で、この巨大な壁にひるまず声を上げ続けたのが、原爆による想像を絶するような被害を経験した被爆者である。自分がなぜ死んだのかも分からないまま亡くなった多くの被爆者の声を伝えるために、命ある限り続けられる活動は、世界に「ヒバクシャ」と日本語のまま認知されるようになるまでの歴史を紡いだ。今では、アメリカの大統領が広島を訪れたり、G7＝主要7か国首脳会議が広島で開催されたりし、〝被爆の実相〟は人類の過ちとして国家レベルで認識されるようになった。

しかし、番組放送から二年。世界は〝核の脅威〟と向き合う緊張感の中にある。ロシアによるウクライナへの軍事侵攻では、稼働中の原子力発電所が武力攻撃を受けるというかつてない事態が起こった。ロシアのプーチン大統領は核兵器の使用をちらつかせている。

チョルノービリ原発事故が、どれほど広範囲な土地や人に深刻な被害を与えたのか検証されたはずなのに、人間の上に核兵器を落とすとどのような惨禍を招くのか、広島と長崎で世界は学んでいるはずなのに、結局、核は国家権力の切り札として、脅しの手段として今も利用されている。

国家による「核の保有」が正当化される出発点となったのが、一九四五年、人類が初めて核兵器の脅威の検証を行った「原爆初動調査」である。そこに科学者や医師、ジャーナリスト、政治家、軍人、市民はどのように関わったのか。人類は「核の時代」をどのように歩みだしたのか。本書が少しでも、「核と人類は共存できるのか」を考える上での参考になれば幸いである。

本書の出版、番組制作にあたり、一九四五年の広島・長崎の残留放射線マップ作成にご尽力いただいた京都大学複合原子力科学研究所の今中哲二研究員、残留放射線による人体への影響や因果関係についてご指導いただいた広島大学の鎌田七男名誉教授と長崎大学の朝長万左男名誉教授、核科学者・レベンソールが残していた極秘資料を分析してくださった広島大学の星正治名誉教授と大瀧慈名誉教授、そして、原爆調査に関する様々な文献をご紹介いただいた奈良大学の高橋博子教授など、取材先関係者の皆様に深く感謝申し上げます。また、番組のリサーチャーとしてアメリカでの取材、撮影に尽力いただいた渡辺秀治さんに感謝いたします。

最後に、出版の機会を与えていただいたスローニュースの熊田安伸さん（本書のもとになったのは、スローニュースで二〇二一年一二月〜二〇二二年二月に連載されたウェブ記事「アメリカ軍は何を隠したのか　原爆初動調査の真実」です）、早川書房の石井広行さんには多大なご助言をいただきました。ここに感謝の意を表します。

豊田利幸・小野健一・西宮博道訳、科学新興社、1951 年
85. “Reveal Facts of Atomic Test”.

号、1978年、pp.319-324
75. 富安孝則、岡部信和、松本吉弘「所謂、『西山地区』より発生した慢性骨髄性白血病の一例（急性転化例）」、長崎医学会雑誌、43巻9号、1968年、pp.809-813
76.『私の歩んだ道』森田右先生業績集、1991年（非売品）

第9章　「原因不明の死」は他の地区でも

77.「原子爆弾被爆地域見直に関する請願書」、1986年（関係者所蔵資料）
78. 原爆被爆者対策基本問題懇親会「原爆被爆者対策の基本理念及びその基本的在り方について」、1980年12月11日

第10章　「白血球の異常値」その痕跡をたどる

79.「風下に原子病発生 島原、千々岩方面にも患者」、朝日新聞西部朝刊、1945年10月4日
80.「重藤文夫さんにきく」、RCC（中国放送）ラジオ、1975年8月12日放送

第11章　スパイを送り込んでいたソ連、謎の調査を追う

81. NHKスペシャル「これがソ連の対日外交だった～秘録・北方領土交渉～」、1991年4月14日放送
82.「原子爆弾（広島および長崎における原爆被害に関する資料；大使館調査員の報告と日本の報道機関の情報）」、1945年9月、ロシア国立公文書館蔵
83.「報告書：政治顧問上級補佐官　V・A・グリンキン　1946年9月8-12日の日本南部の視察旅行について」、1946年10月、ロシア国立社会政治史文書館蔵

第13章　七八年前の論理がもたらす核の脅威

84. アメリカ合衆国原子力委員会、国防省、ロス・アラモス科学研究所『原子兵器の効果』、武谷三男・中村誠太郎・佐々木宗雄・

1965年9月、pp.2569-2582
63. 今堀誠二『原水爆時代　現代史の証言（上）』、p.112
64.「重藤文夫さんにきく（番組名不明）」、RCC（中国放送）ラジオ、1963年放送
65.「原爆被爆と日本の医学（座談会）」
66. Atomic Bomb Casualty Commission, Report No. 6, For the Period 30 December through 4 January, 1947.
67. Atomic Energy Act of 1946 (Public Law 585, 79th Congress), U.S. Atomic Energy Commission, Washington, 1965.
68. 都築正男「赤十字精神で原爆を禁止せよ」、日本週報、第237号、1954年1月25日、pp.32-36

第7章　核科学者・レベンソールの極秘資料

69. A letter from Carl F. Tessmer to Dr. Philip S. Owen and Dr. Herman S. Wigodsky, Mar. 29, 1950, National Academy of Sciences ABCC Collection.
70. Memorandum by the Chief of Staff, U. S. Air Force to the Secretary of Defense on Long Range Detection of Atomic Explosions, Harry S. Truman Library, President's Secretary's File.
71. レベンソールからテスマー中佐への私信（非公開）、1950年3月22日
72. L・R・ズムヴォルトとレベンソールによるUCLA-AE Group視察報告書（非公開）、1950年4月7日

第8章　相次いだ「原因不明の死」

73. 長崎の証言の会編『証言　ヒロシマ・ナガサキの声〈2003（第17集）〉』、長崎の証言の会、2003年
74. 八尾栄一、朝長優、西野健二、松永マサ子、貞森直樹、市丸道人「急性転化時にKaryotypic Evolutionを示し、所謂『西山地区』より発生したCGLの第2例目」、長崎医学会雑誌、 53巻3

第6章　日本の原爆初動調査　苦闘する科学者たち

47. 都築正男「原爆被害のあとしまつ　―原爆の被害者は現在二十八万人生存している―」、話、第3巻第5号、1953年4月、pp.224-229
48.「本橋均」刊行会事務局編『本橋均』、「本橋均」刊行会事務局、1982年、p.107
49.「療養に向かぬ広島 健康者も一応診断を」、中国新聞、1945年9月5日
50.「元広島赤十字病院院長　重藤文夫さんに原爆投下後の原爆症研究等について聞く」、RCC（中国放送）ラジオ、1975年8月12日放送
51.「シリーズ『被爆を語る』」、NBC（長崎放送）ラジオ、1971年9月～10月放送
52.「シリーズ『被爆を語る』」、NBC（長崎放送）ラジオ、1971年放送（放送月不明）
53.『本橋均』、p.106
54. 理化学研究所史料室所蔵
55. GHQ/SCAP Records, Outgoing Message, CINCAFPAC ADV to WARCOS, CA51736, Sep. 6, 1945.
56. “U.S. Atom Bomb Site Belies Tokyo Tales”.
57.『本橋均』、p.111
58.「『毒ガスの有無は』現地で都築博士が質問」、中国新聞、1945年9月10日
59. GHQ/SCAP Records, From: GHQ CINCAFPAC ADV, To: WARCOS INFO 313 Bomb Wing Tinian, CA51816, Sep. 10, 1945.
60. 都築正男「特別講演　原子爆弾災害の防護と救護」、保健衛生、第2巻第9号、1955年9月、pp.371-393
61. 学術研究会議「原子爆弾災害調査研究特別委員会　第1回報告会速記録」、1945年11月30日、広島市公文書館蔵
62.「原爆被爆と日本の医学（座談会）」、最新医学、第20巻第9号、

43. レスリー・R・グローブス『原爆はこうしてつくられた』冨永謙吾・実松譲 共訳、恒文社、1982年、p.423
44. General Richard H. Groves's Interview and Gwen Groves Robinson's Interview, Atomic Heritage foundation.

第5章　よみがえった広島・長崎の残留放射線の値

45. データ抽出に使われた11の調査は下記の通り。
・理研・木村らのローリッツェンによる広島市内測定（1945年8月～10月）
・理研グループのローリッツェンによる広島市内測定（1945年8月）
・理研・宮崎らのネイヤによる広島爆心周辺測定（1945年10月）
・理研・宮崎らのネイヤによる己斐・高須測定（1946年1月～2月）
・理研・増田のネイヤによる広島市周辺測定（1946年1月～2月）
・理研・増田らのネイヤによる長崎市から島原半島測定（1945年12月～46年1月）
・九大・篠原らのローリッツェンによる西山周辺測定（1945年10月）
・マンハッタン計画（MED）と米軍海軍医学研究所（NMRI）のGM管による、広島の爆心周辺と己斐高須の等線量図（1945年10月と11月）
・MEDのGM管による長崎爆心と西山の等線量図（1945年9月～10月）
・NMRIのGM管による長崎爆心地周辺の等線量図（1945年10月）
・NMRIのGM管による長崎爆心周辺と西山の等線量図（1945年10月）
46. 社団法人日本アイソトープ協会『ICRP Publication 103　国際放射線防護委員会の2007年勧告』、丸善出版、2009年、p.60

Bomb, Common Courage Press, 2004, pp.18-19.
34. *ibid.*, p.59.
35. "70-Year Effect of Bombs Denied", *New York Times*, Aug. 9, 1945, "U.S. Atom Bomb Site Belies Tokyo Tales", *New York Times*, Sep. 12, 1945, "No Radioactivity in Hiroshima Ruin", *New York Times*, Sep. 13, 1945, "Tokyo 'Reconsiders' Atomic Bomb Effect" "This Radioactive World", *New York Times*, Sep. 16, 1945, "'Uranium Hot Springs' in Japan", *New York Times*, Oct. 6, 1945, "Survey Rules Out NAGASAKI Dangers", *New York Times*, Oct. 7, 1945, "Atom Bomb Work Benefits Medicine", *New York Times*, Dec. 10, 1945, "After-Effects of the Atomic Bomb", *New York Times*, Feb. 10, 1946.

第４章　「忖度」は核開発のために

36. GHQ/SCAP Records, Outgoing Message, From: GHQ CINCAFPAC ADV (From Newman), To: War Department Message Center (For Groves), CA 52799, Oct. 5, 1945.
37. GHQ/SCAP Records, From: GHQ CINCAFPAC ADV (From Col. Warren), To: War Department Message Center (For Gen. Groves), Oct. 11, 1945.
38. Stafford L. Warren, M. D. to Gavin Hadden, Jun. 17, 1948, Stafford Warren Papers, UCLA.
39. Hearings before the Special Committee on Atomic Energy, United States Senate, 79th Congress, First Session, Part 1, United States Government Printing Office Washington, 1945.
40. Stafford Warren to Major General L. R. Groves, "Preliminary Report – Atomic Bomb Investigation," Nov. 27, 1945.
41. "Human Radiation Studies: Remembering the Early Years".
42. Resume of General Groves Speech at Hotel Waldorf Astoria, New York City, Sep. 21, 1945, U.S. Army Heritage and Education Center.

L. Warren, Chief of Medical Section Manhattan District, Subject: "Report on Test II at Trinity, 16 July 1945", U.S. National Archives, Record Group 77, Records of the Office of the Chief of Engineers, Manhattan Engineer District, TS Manhattan Project Files, Folder 4, "Trinity Test".
22. Sean L. Malloy, "'A Very Pleasant Way to Die': Radiation Effects and the Decision to Use the Atomic Bomb against Japan", *Diplomatic History*, Volume 36, Issue 3, Jun. 2012, pp.539-540.
23 "Death Will Saturate Bomb Targets For 70 Years, Atomic Expert Says", *The Atlanta Constitution*, Aug. 8, 1945.
24 "70-Year Effect of Bombs Denied", *The New York Times*, Aug. 9, 1945.
25. Paul Boyer, *By the Bomb's Early Light; American Thought and Culture at the Dawn of the Atomic Age*, Pantheon Books, 1985, p.188.
26. Robert Stone to Friedel, Aug. 9, 1945, National Archives.
27. NHKスペシャル「世界は原爆をどう知ったか」、1989年8月7日放送
28. Memorandum of Telephone Conversation between General Groves and Lt. Col. Rea, Oak Ridge Hospital, 9:00 a.m., Aug. 25, 1945. Record Group 77, MED (Manhattan Engineer District) Records, Top Secret, File No. 5b.
29. "Japanese Reports Doubted", *The New York Times*, Aug. 31, 1945.
30. Memorandum for the Chief of Staff: Correspondence ("Top Secret") of the Manhattan Engineer District, National Archives.
31. "Reveal Facts of Atomic Test", *Albuquerque Journal*, Sep. 12, 1945.
32. "No Radioactivity in Hiroshima Ruin", *New York Times*, Sep. 13, 1945.
33. Beverly Deepe Keever, *News Zero: The New York Times and the*

9 "Human Radiation Studies: Remembering the Early Years", Oral History of Physiologist Nello Pace, Ph.D., Aug. 16, 1994.
10. Pace and Smith, "Measurement of the Residual Radiation Intensity at the Hiroshima and Nagasaki Atomic Bomb Sites".

第2章　研究対象の地区で明らかになった「異常値」

11. Pace and Smith, "Measurement of the Residual Radiation Intensity at the Hiroshima and Nagasaki Atomic Bomb Sites".
12.『長崎市制六十五年史』、長崎市総務部調査統計課、1959年、p.354
13. 理化学研究所史料室所蔵
14. 篠原健一「原子爆弾災害調査の思い出（下）」、*Isotope News*、1986年9月号、pp.10-13
15. Warren Papers, Box64, Folder2, 207-215, Patient Data, UCLA Library Special Collection.
16. シリーズ「被爆を語る」、NBC（長崎放送）ラジオ、1971年放送
17. "Recommendations for Continued Study of the Atomic Bomb Casualties", Papers of James V. Neel, M.D., Ph.D. Manuscript Collection No. 89 of the Houston Academy of Medicine, Texas Medical Center Library.

第3章　軍とメディアになきものとされた「残留放射線」

18. Thomas Farrell, "More About the Atomic Bomb", U.S. Army Heritage and Education Center.
19. "The Decision to Drop the Bomb", NBC, 1965.
20. Colonel Stafford L. Warren, Memo to L. R. Groves, Subject: The Use of the Gadget as a Tactical Weapon Based on Observations Made During Test II, Jul. 25, 1945, DOE/NNSA NUCLEAR TESTING ARCHIVE.
21. Memorandum, To: Major Gen. Groves, From: Colonel Stafford

参考資料

序章　残された「原爆の謎」

1. "Miscellaneous Targets: Atomic Bombs, Hiroshima and Nagasaki, Article 1, Medical Effects", U.S. Naval Technical Mission to Japan, Dec. 15, 1945.

第１章　「結論ありき」だったアメリカ軍の調査

2. Autobiography of Donald Leslie Collins, chapter 7: Recollections of Nagasaki, 1945.
3. New York State Military Museum, "Donald Leslie Collins, Captain, US Army, World War Two", https://www.youtube.com/watch?v=v7RZ8F9IsC0.
4. 今堀誠二『原水爆時代　現代史の証言（上）』、三一書房、1959年、p.148
5. GHQ/SCAP Records, Statement by Brig. Gen. T. F. Farrell Chief, Atomic Bomb Mission, Sep. 12, 1945.
6. "No Radioactivity in Hiroshima Ruin; What Our Superfortresses did to a Japanese Plane Production Center", *The New York Times*, Sep. 13, 1945.
7. T. F. Farrell, "Memorandum to Major General L. R. Groves, Report on Overseas Operations - Atomic Bomb", Sep. 27, 1945, National Archives.
8. N. Pace and R. E. Smith, "Measurement of the Residual Radiation Intensity at the Hiroshima and Nagasaki Atomic Bomb Sites", Naval Medical Research Institute National Naval Medical Center, Bethesda, Maryland, ABCC Technical Report 26-59., 1959.

NHK スペシャル「原爆初動調査」取材班

佐野剛士（さの・たけし）
1980年生まれ。大学卒業後、2005年NHK入局。現在、クリエイターセンター〈プロジェクトセンター〉所属ディレクター。「ニュースウォッチ9」「クローズアップ現代」「NHKスペシャル」など報道番組を担当。これまでに、NHKスペシャル「証言と映像でつづる原爆投下・全記録」「“ヒロシマの声”がきこえますか〜生まれ変わった原爆資料館〜」「平成史スクープドキュメント 第1回 大リーガーNOMO〜“トルネード”日米の衝撃〜」「未解決事件　File.05 ロッキード事件」「自衛隊と憲法　日米の攻防」「シリーズ東日本大震災　救えなかった命〜双葉病院　50人の死〜」などの報道番組を制作。

水嶋大悟（みずしま・だいご）
1984年生まれ。大学卒業後、2008年NHK入局。福岡放送局などを経て、2023年8月より、クリエイターセンター〈報道番組センター〉所属ディレクター。これまでに、ＮＨＫスペシャル「証言と映像でつづる原爆投下・全記録」「混迷の世紀 第2回 加速する“パワーゲーム”〜激変・世界の安全保障〜」、BS1スペシャル「50年目の告白“安保の裏方”が見た沖縄」、事件の涙「そして、研究棟の一室で〜九州大学　ある研究者の死〜」などの報道番組を制作。

大小田紗和子（おおこだ・さわこ）
1989年生まれ。大学卒業後、銀行勤務ののち2017年NHK入局。広島放送局を経て、2023年8月より、クリエイターセンター〈報道番組センター〉所属ディレクター。これまでに、NHKスペシャル「原爆が奪った“未来”〜中学生8千人・生と死の記録〜」、BS1スペシャル「さしのべられた救いの手〜“原爆孤児”たちの戦後〜」などの報道番組を制作。

ハヤカワ新書 012

原爆初動調査《げんばくしょどうちょうさ》 隠《かく》された真実《しんじつ》

二〇二三年八月二十日 初版印刷
二〇二三年八月二十五日 初版発行

著者 NHKスペシャル取材班《しゅざいはん》
発行者 早川 浩
印刷所 株式会社精興社
製本所 株式会社フォーネット社
発行所 株式会社 早川書房
東京都千代田区神田多町二ノ二
電話 〇三-三二五二-三一一一
振替 〇〇一六〇-三-四七七九九
https://www.hayakawa-online.co.jp

ISBN978-4-15-340012-2 C0221

Printed and bound in Japan

「ハヤカワ新書」創刊のことば

誰しも、多かれ少なかれ好奇心と疑心を持っている。

そして、その先に在る納得が行く答えを見つけようとするのも人間の常である。それには書物を繙いて確かめるのが堅実といえよう。インターネットが普及して久しいが、紙に印字された言葉の持つ深遠さは私たちの頭脳を活性して、かつ気持ちに余裕を持たせてくれる。

「ハヤカワ新書」は、切れ味鋭い執筆者が政治、経済、教育、医学、芸術、歴史をはじめとする各分野の森羅万象を的確に捉え、生きた知識をより豊かにする読み物である。

早川 浩